# THÉÂTRE

YASMINA REZA

# *Théâtre*

L'Homme du hasard
Conversations après un enterrement
La Traversée de l'hiver - « Art »

ALBIN MICHEL

# L'HOMME DU HASARD

*à Jean Reza et Didier Martiny,*
*deux grands inspirateurs...*
*à la mémoire de Marta Andras*

**L'HOMME DU HASARD**
de Yasmina Reza

*a été créée le 19 septembre 1995*
*au Théâtre Hébertot*

*Mise en scène :* Patrice Alexsandre
*Assistante à la mise en scène :* Geneviève Thénier
*Décor :* Charles Matton
*Costumes :* Miruna Boruzescu
*Son :* Brice Lebourg
*Lumière :* Dominique Bruguière

*Distribution :*

La femme : Françoise Fabian
L'homme : Michel Aumont

Un compartiment de train.
Un homme et une femme.

Chacun en soi-même.

L'HOMME. Amer.
Tout est amer
Amer le pli de ma bouche.
Amers le temps, les objets, les choses inertes que j'ai entreposées autour de moi, qui n'ont vécu que le temps de leur tractation.
Les choses ne sont rien.
Mon ami Youri est avec une Japonaise.
Totalement plate.
Lui a soixante-huit ans, une prostate qui pèse 95 grammes, elle en a quarante, plate.
Tout est amer. Amère la nuit.
La nuit. Pas d'amour, pas de collage, sommeil plus ou moins là...
Jean m'a dit un tel a écrit de très belles pages sur l'insomnie. Quel con. Cette nuit je me suis réveillé à cinq heures du matin pour chier.
C'est de sa faute. Il m'a interdit le All Bran. Résultat, je chie à cinq heures du matin. Il m'a complètement déréglé cet imbécile. Qu'est-ce que ça peut me faire qu'un tel écrive des pages sur l'insomnie !
Youri dort, lui. C'est un garçon qui a toujours dormi. Quand je ne dors pas, je pense à Youri qui dort après avoir mis avec parcimonie un peu de sa semence dans une tirelire japonaise.
Amères les femmes avec qui on couche.
Je ne peux plus rester au lit avec une femme. Sauf avec certaines femmes. La Noire du Plaza par exemple.

Ça marchait vaguement le contact avec la Noire.

Pas le sexe, le collage, le contact charnel.

Plus les femmes sont primaires, plus je me sens à l'aise au lit.

Plus elles sont frustes. Moins elles m'intéressent dans la vie, mieux je me sens dans le lit.

Ne reste que le contact animal.

Au fond je me pose la question, ne devrais-je pas coucher avec un animal ?

Amer le sexe.

Toujours été amer.

Interdiction d'écrire une biographie.

Interdiction totale — totale — d'écrire une biographie après ma mort. Voilà ce qu'il faut dire à cet avocat.

La biographie d'un écrivain, une absurdité totale.

Qui sait quoi d'une vie ?

Qui peut dire quoi que ce soit de cohérent sur une vie ?

Qui peut dire quoi que ce soit de cohérent d'une façon générale ?

Écrire ce que j'ai voulu. Non, jamais.

J'ai écrit ce que j'ai pu écrire et non pas ce que j'ai voulu.

On ne fait jamais que ce qu'on peut.

Est-ce que l'œuvre, cette addition au monde — entre parenthèses, toutes les grandes lois sont soustractives — est-ce que l'œuvre est autre chose qu'un conglomérat d'à-peu-près, de limites qu'on laisse voguer ?

Est-ce que le résultat n'est pas toujours une défaite ? Il n'y a que l'œuvre anonyme qui ne soit pas une défaite.

Tous ces imbéciles qui parlent de leurs intentions.

Tous ces imbéciles qui ont produit du sens à la pelle, aucun pour nous dire tout m'a échappé, aucun contrôle sur l'objet, ce que j'ai prémédité, je ne m'en souviens plus et tout ce qui reste est arrivé bringuebalant au port.

Tous ces pauvres gens qui contemplent leur addition au monde avec leurs sourcils froncés, les grands fournisseurs de sens qui vont parler dans les émissions littéraires.

Et toi tu ne l'as pas fait peut-être ?
Non.
Comment non ?
Non. Je ne suis pas allé dans les émissions littéraires.
Jamais mis les pieds dans une émission littéraire.
Par snobisme. Mais tu es allé ailleurs mon petit vieux.
Conférences, tu les as données. Interviews, ô combien !
Invitations dont tu étais le héros ne se comptent plus.
Et pour ce qui est du sourcil grave, n'envie personne.
D'ailleurs tu l'as.
Le sourcil froncé, tu l'as en ce moment.
Maurice Negear est gâteux de sa fille.
Elle est 47$^e$ sur 83 au challenge des Yvelines.
Elle est grande cette fille. Je croyais que les jockeys étaient des nains.
Au challenge des Yvelines...
Que faire ? Comment faire ?
Que faire —
Le voir ?
Impromptu comme préconise Jean ?
Un café en ville l'air de rien ? On parle de la pluie et du beau temps ?
Si elle me dit qu'il a cinquante et un ans, c'est qu'il en a le double.
D'un autre côté, continuer à l'ignorer est une erreur, je le sais.
Enfin, un père a bien le droit de ne pas supporter que sa fille épouse un vieillard, merde ! Jean dit qu'il est très gentil et même intéressant sauf qu'il parle d'une voix atone.
D'une voix atone chez nous qui hurlons depuis des générations.
Un homme qui parle d'une voix atone n'est pas un gendre. Tôt ou tard, un homme qui parle d'une voix atone vous pousse aux dernières extrémités.
Ah ma petite Nathalie, que n'es-tu passionnée de cheval comme la fille de Maurice. Tu m'aurais ramené

un gentil sportif. Un gentil garçon rosi par l'air des forêts, que j'aurais formé.

Formé à quoi ?

Formé à tout. À tout ce qui fait un bon gendre.

Qui peut former un garçon de cinquante et un ans, c'est-à-dire soixante-dix ?

Et qui parle d'une voix atone.

Jean a eu tort de me dire qu'il parle d'une voix atone. Il l'a définitivement sabré.

Un café en ville, l'air de rien ?

Et comment ça peut être l'air de rien ?

D'abord je ne prends jamais de café en ville.

L'idée est nulle.

Que faire ? De nouveau celui qui ne sait pas. *Le Capitaine de navire perdu.*

LA FEMME. Toujours une photo à contempler. Une photo qui vous accompagne le temps du voyage.

... Dans un tramway de Prague, en... 1964, il y a un homme assis à une fenêtre. Qui regarde dehors.

Il a le front dégagé, ses yeux sont tristes, il a soixante ans —

Il tient sa main sur sa bouche dans une attitude pensive qui cache la moitié de son visage.

Il regarde dehors.

Dehors, il y a un homme debout sur le trottoir, qui a les mains dans les poches et qui regarde passer le tramway.

Dans la position où ils se trouvent, on peut penser que les deux hommes se regardent. En réalité, les deux hommes s'ignorent.

Aucun des deux n'a cure de ce croisement.

Ils ne se voient même pas.

Que regardent-ils l'un et l'autre ? Le mouvement familier du temps. Ils ne regardent que cela, le temps qui passe dans son mouvement familier.

Si l'homme n'est que l'homme du hasard, il n'y a pas de raison de s'attarder sur cette image.

Il n'y a de raison pour s'attarder sur rien.

Mon ami Serge est mort.

Le monde que je vois est un monde où mon ami Serge n'est plus.

Dans sa chambre d'hôpital, dans un tiroir, il y avait une photo de sa mère.

Une photomaton.

Il avait pris sa mère avec lui pour qu'elle le protège.

À soixante-seize ans. Un homme qui avait commandé des gens toute sa vie, lui-même grand-père, un homme dont on peut dire qu'il avait été plus homme que d'autres, il avait emporté sa mère avec lui, dans un tiroir de sa table de chevet.

Je devrais le faire.

Mais je n'ose pas.

Quelle importance pourtant ?

Pourtant si.

Si d'ici notre arrivée, j'ose l'aborder, je ne peux pas dans le silence, et sans d'une manière ou d'une autre signifier cette coïncidence, me mettre à lire *L'Homme du hasard*.

Si je sors de mon sac *L'Homme du hasard*, je dois me pencher vers lui et lui dire, pardonnez-moi monsieur Parsky, mais il se trouve que je suis précisément en train de lire *L'Homme du hasard*, naturellement, je ne vais pas avoir l'indélicatesse de le lire devant vous —
Il me saluera poliment avec un petit sourire.

Tout échange sera clos, car on ne peut pas parler plus bêtement.

L'HOMME. Sur le pont les marins courent en tous sens, certains crient le capitaine sait, d'autres le capitaine ne sait pas, je rejoins ma cabine, le petit Chinois est là, prends la crécelle lui dis-je, vas-y petit Chinois, tourne la crécelle, exaspère mes oreilles...
Je n'écrirai plus.

*Le Capitaine* sera le dernier.

Youri est à Buenos Aires à l'heure qu'il est.

Parti avec sa Japonaise faire une croisière en Antarctique. Oui.

C'est le genre de voyage que font les gens qui ont fait trente-six fois le tour du monde, qui sont au soir de leur vie, qu'est-ce qu'il leur reste ? Les pingouins.

Les gens nerveux sont la fleur de l'humanité.

Parle d'une voix atone.

Non. Non.

Madame Cerda, de plus en plus acariâtre.

Jean me dit tout le monde a une secrétaire normale et toi tu as madame Cerda.

J'ai madame Cerda parce que madame Cerda est ma secrétaire depuis vingt ans mon petit vieux ! Et que c'est une chose absolument irremplaçable. Tu as madame Cerda qui a ses règles trente jours par mois et qui ne sait même pas allumer l'ordinateur.

Bon point ! Bon point pour elle ! Bêtise d'avoir acheté cet ordinateur. On était bien. Qu'est-ce qu'on avait besoin d'ordinateur ?

On ne peut pas être aimable avec une taille et une tête comme elle a. Elle a des complexes la pauvre.

Elle a des complexes, bon enfin, ce n'est pas la première femme qui est laide.

Amer le pli de ma bouche.

Devenu amer parce que je suis amer ?

Ou devenu moi-même amer par la contemplation de cette amertume physiologique ?

Amère la sensation de vieillesse.

Oui. Amer de me rétrécir.

Je n'ai pas écrit de manière amère. Non. Non, je n'ai pas écrit avec amertume.

Je n'écrirai sans doute plus.

*Le Capitaine de navire perdu* sera le dernier.

*Le Capitaine de navire perdu*, un livre blanc, vertical, l'homme auquel j'aspire encore.

LA FEMME. Mon ami Serge n'aimait pas vos livres.

Ce fut notre seule brouille.

Il n'aimait pas vos phrases brèves, vos répétitions.

Il vous reprochait votre vision du monde.

Négative, disait-il.

Non, pas du tout négative.

Je n'ai jamais trouvé que vous étiez négatif monsieur Parsky, au contraire.

N'empêche, quelle coïncidence, quelle coïncidence

14

que vous soyez assis devant moi, dans ce compartiment...

Serge qui n'aime pas vos livres et qui ne vous aime pas derrière vos livres dit que votre grande chance est d'avoir su vous faire aimer par moi.

Il dit qu'en vous lisant, il traque l'invisible qui m'a fait vous aimer. De même que moi, ça jamais je ne vous le dirai, j'ai écouté et réécouté cette pièce d'Orlando Gibbons dont vous parlez sans cesse.

Ce qui m'a amenée vers vous, en tout premier lieu, c'est votre — j'allais dire votre amour mais non ce n'est pas le mot, pas le mot du tout — votre proximité avec la musique, votre « obligation » de la musique comme si la clé, ou l'absence de clé des choses s'y trouvait.

Comme si la musique était ce qu'il y a au monde de plus absent du monde.

Et que vous recherchiez cela, n'étant pas d'emblée acoquiné à l'éternité.

Mes désirs ont toujours été plus grands que les choses qui sont advenues.

Rien n'a jamais été à la hauteur du désir. Non. Et je ne sais pas voyez-vous pourquoi nous sommes capables de tant désirer pour finalement si peu éprouver.

Pourquoi le désir est-il si haut comparé à ce qui advient ?

Vous avez parlé de cela monsieur Parsky, dans *Un passant comme un autre,* vous vous inquiétez de Dieu et vous craignez qu'à l'instar des choses connues, Dieu lui-même soit inférieur à votre désir —

Revenons sur terre, cher et prétentieux monsieur Parsky, seriez-vous inférieur à mon désir ?

Vous-même avec vos chaussures bien cirées, vos ongles aristocratiques, votre élégance milieu de siècle.

D'un autre côté, sortir *L'Homme du hasard* et ne rien dire ?

Lire sans lever les yeux, de temps à autre regarder par la fenêtre comme saisie d'une pensée filante...

J'ai passé ma vie avec vous monsieur Parsky.

Enfin je veux dire quelques années récentes de ma vie avec vous. Mais tout de même, c'est ma vie que j'ai passée avec vous, car pour vous rejoindre si près comme je crois l'avoir fait, il fallait arriver à mon âge et avoir vécu les choses comme je les ai vécues et comprises.

Pour vous suivre dans vos chemins d'apparents excès, j'ai bien dû m'exercer ma vie durant.

Voilà ce que je crois.

On se fabrique soi-même, on forge la matière qu'on donne au hasard.

Longtemps j'ai été attirée par ceux qui n'aimaient pas le monde et souffraient en permanence.

Il me semblait que les gens désespérés étaient les seuls êtres profonds, les seuls vraiment attirants.

Au fond, si je suis honnête, je les trouvais supérieurs. Je me suis longtemps sentie de moindre intérêt, pour ne pas dire de moindre qualité, tout simplement parce que moi, j'aimais la vie.

Vous, vous dites ne rien aimer, vous vous plaignez de tout, mais dans votre fureur, dans votre énergie à vitupérer, je vois la vie même. Et sans vouloir vous vexer, je vois aussi de la joie.

Je vous parle en secret. En secret, je vous dis tout ce que je ne vous dirai pas.

Comment vous aborder, vous au soir de votre vie, moi de la mienne, avec les mots qui conviennent à notre âge ?

Lire sans mot dire.

Allez-vous vous en apercevoir ?

Avez-vous une fois regardé de mon côté ?

Depuis le début de notre voyage, avez-vous une seule fois levé vos yeux vers moi ?

Lorsque je ne suis pas tournée vers vous, il me semble que vous me contemplez et lorsque je me décide à vous rejoindre muettement, vous êtes ailleurs.

L'HOMME. Haï la manière dont Élie m'a parlé de *L'Homme du hasard*.

Haï au point de ne plus pouvoir supporter de le voir.

Je ressasse. Et alors ?

Je ressasse. Oui. Évidemment, je ressasse.

D'ailleurs je ne fais que ça. Que doit-on faire d'autre ?

Au fait, tu n'as même pas employé le verbe ressasser mon petit Élie. Si tu m'avais dit tu ressasses, j'aurais senti un petit accent de familiarité agréable, dans le tu ressasses, j'aurais perçu l'affection, la brusquerie affectueuse de l'ami. Tu m'as dit, gêné en te tortillant comme une femme, ça ressemble, ça ressemble à ce que tu as déjà écrit. À ce que j'ai écrit et que tu adorais Élie Breitling !

Sauf que maintenant, changement d'idole.

Ce que tu adorais, tu l'adorais nouveau, « incommenté », à l'orée de la mode.

Non pas original mais nouveau.

Je dis bien nouveau et non pas original. Deux notions radicalement contraires.

Au fond, tu n'as jamais eu la patience, la patience secrète d'aimer tout court.

Démence de la nouveauté.

Que dites-vous ? Non. Mais, que dites-vous d'autre ? Quoi d'autre ?

Quelle est ta nouvelle idole mon petit Élie ?

Je le saurais bien sûr en lisant tes chroniques... il y a belle lurette que je ne lis plus tes chroniques.

Les ai-je jamais lues ? Même au temps où, pionnier de ma supernouveauté, tu caressais dans tes pages le pire en moi.

Amer.

Est-ce possible que je sois devenu un homme amer ? Non.

LA FEMME. Vous êtes un homme avec qui j'aurais envie de parler de certaines choses.

Au fond, ce n'est pas si courant les gens avec qui on a envie de parler des choses.

Moi qui étais si tournée vers les hommes, j'ai fini par renoncer à leur amitié.

Mes meilleures amies, mes quelques rares et seules amies sont des femmes.

C'est un trait que je n'aurais pas su prédire dans ma vie, que les femmes seraient de meilleures amies pour moi que les hommes.

À part mon ami Serge, qui maintenant est mort, j'avais un autre ami.

Il s'appelait Georges.

Georges était légèrement amoureux de moi. Avec cette charmante manière qu'ont les hommes d'être légèrement amoureux de vous, sans espoir de rien. J'étais mariée.

Et nous vivions cette amitié avec un brin de coquinerie, une intimité... comment dirais-je, espiègle.

J'ai ri beaucoup avec Georges, monsieur Parsky. Vous savez bien comme on peut rire. Entre parenthèses, je ris souvent en votre compagnie.

Un jour, Georges est arrivé avec une femme.

Il a cru normal de pouvoir introduire une femme dans notre relation. Il a commis l'imprudence de nous comparer.

Je ne suis pas, monsieur Parsky, une femme qu'on compare.

Ni une femme qu'on met en balance avec qui que ce soit.

Seize ans d'amitié et il n'avait pas saisi cela.

Pire, il m'a fait des confidences.

Encore pire, il m'a demandé mon avis.

Seize ans d'amitié agréablement équivoque se sont effondrés en trois phrases.

Le pauvre ne s'en est même pas rendu compte — je dis le pauvre avec prétention bien sûr — car il était, ce qu'il y a de plus intolérable : heureux.

Heureux, monsieur Parsky.

Je suis restée civilisée.

C'est peut-être l'erreur de ma vie que d'être souvent restée civilisée. Georges a épousé cette femme — une de ses patientes, Georges est dentiste — et il a eu un enfant.

Nous déjeunions tous les deux de temps en temps.

Nous faisions l'un et l'autre semblant d'être encore des intimes. Au début, Georges se tenait.

Nos conversations, bien que sans substance, car la

substance d'une conversation ne réside évidemment pas dans les mots, gardaient encore l'allure de nos anciennes conversations. Et puis, se libérant, Dieu seul sait pourquoi, au fil des jours, Georges se mit à me parler de son enfant.

Un certain Éric.

Que Georges ait pu appeler son fils Éric reste pour moi une énigme. Nous n'avons jamais parlé de mes enfants — j'en ai deux — mais sans doute s'est-il souvenu que j'étais mère moi aussi.

Entre parents, on peut s'épancher librement n'est-ce pas ?

Éric était un amour, monsieur Parsky. Un petit amour.

On le couchait. Hop, il dormait.

On le réveillait. Il gazouillait.

Que de force dans ses petites mains. Que de tendresse dans ses petits bras. Éric chante du matin au soir. Le père est heureux, l'enfant est bien dans sa peau, c'est naturel.

Un jour, Georges m'a dit sérieusement et les larmes aux yeux, quand je le promène en poussette dans la rue, je plains les gens que nous croisons et qui ne lui sourient pas. Le mot poussette dans la bouche de Georges ! Le moins domestique des hommes. Croyais-je.

Un homme que j'avais connu scandaleux, insolent, réduit en miettes, dissous par la paternité.

Et qui, sans mémoire ni de lui ni de moi, me vantait sa dissolution. Un soir, et finalement j'en viens à ce que je voulais vous raconter depuis le début, nous sommes allés écouter des sonates de Brahms. Cela faisait longtemps que nous n'étions pas sortis ensemble le soir.

Après le concert, il m'a invitée dans un restaurant thaïlandais que j'aime beaucoup et après le dîner nous avons pris un verre au bar du *Crillon*.

Comment vous dire ? Sous quelle étoile échappée du temps, cette soirée s'est déroulée ? Pas question d'Éric, ni de poussette, pas question de patiente épousée, comme par le passé un couple de faux amants se tenant par le bras, rieurs et vaguement fripons.

Il m'a raccompagnée chez moi. À pied.

À pied car il n'avait pas de voiture.

Durant ce trajet, j'ai pu laisser libre cours à ma coquetterie d'avant et l'air était doux.

Devant ma porte, où nous traînions encore, autrefois, pendant des heures, j'ai senti soudain chez lui une hâte...

Nous nous sommes dit au revoir d'un baiser impersonnel et je l'ai vu monsieur Parsky, courir, courir, voler à la recherche d'un taxi, courir follement vers sa petite famille, vers les siens, courir comme un homme qui s'est libéré d'une corvée —

L'HOMME. Je ne vois pas pourquoi je ne reprendrais pas du Microlax.

J'étais heureux avec le Microlax.

Jean dit que c'est dangereux. Il est médecin ?

Après tout, je ne vois pas pourquoi j'écoute mon fils qui n'est pas médecin et qui lui-même, non content d'être voûté, fume.

Avec le Microlax, j'étais bien.

Je gérais convenablement mes intestins.

Drôle ce mot, gérer. De mon temps, on ne disait pas gérer.

Le Microlax me réussissait.

Point final.

Impossible de me souvenir du nom de cet hypogendre.

Henri ? Gérard ? — Rémy ?

Rémy Sledz.

Sledz. Oui.

*Monsieur Sledz, vous envisagez de vivre avec ma fille —*

Idiot, ils vivent ensemble depuis des mois.

*Monsieur Sledz, vous envisagez* — ah, je me refuse à prononcer le verbe épouser, le verbe épouser ne me vient pas —

*Monsieur Sledz, vous devinez je suppose l'inquiétude*

*d'un père* — s'il me répond, bien sûr je me mets à votre place, je l'égorge à mains nues.

Rester froid. Pas de question qui me mêlerait à la question.

Ai-je raison de me mêler de sa vie ?

Qu'est-ce qui compte ? La durée ? L'instant ?

Qu'est-ce qui vaut ?

Dans le train qui le conduit de Paris à Francfort, Paul Parsky ignore toujours la valeur du temps.

Je refuse de me rendre.

Je ne capitulerai pas.

LA FEMME. Vous avez dit un jour dans un entretien, qu'en tant qu'écrivain, vous n'aviez pas d'opinions et que vous ne teniez pas à dire quoi que ce soit sur aucun sujet, et que vous teniez en haute estime les philosophes, les grands mathématiciens, tous ceux qui pensent le monde, et que vous-même n'avez fait que percevoir certaines choses et traduire ce que vous aviez perçu, mais que par votre plume, jamais, au grand jamais, il n'y eut volonté ou désir de penser le monde.

Vous avez dit dans cet entretien que les pensées sur le monde n'avaient strictement aucune valeur dans l'exercice de la littérature.

Quelle hypocrisie.

Dans tout ce que vous avez écrit, je n'ai rien trouvé qui ne soit singulièrement votre pensée sur le monde.

Votre vitalité même est une pensée sur le monde.

Votre antipathie pour la nuance est une pensée sur le monde. Votre inaptitude à la sagesse est une pensée sur le monde.

En vous lisant dans cet entretien, j'ai finalement saisi l'inattendu : que vous craignez d'être compris, monsieur Parsky.

Vous brouillez les pistes, vous fabriquez vous-même les protecteurs malentendus car votre hantise est d'être compris.

Cherché, oui.

Compris, non.

Une juste dose d'impénétrable évite ce grand malheur et conserve intact votre prestige.

Dans *L'Homme du hasard* qui est dans mon sac, votre héros, votre double, prétend qu'il a voulu être quelqu'un à seule fin de pouvoir abdiquer.

Quand comptez-vous abdiquer, cher écrivain ? Je ne vois trace d'abdication nulle part.

Ni dans votre coquet isolement, ni dans les commentaires désinvoltes et sans mesure que vous distillez sur vous-même.

Ni, surtout, dans vos écrits.

Dans *L'Homme du hasard* que j'ai dans mon sac, vous ne renoncez pas d'un iota aux mirages de notre communauté humaine.

Si garçon fut loin du renoncement, c'est bien vous mon pauvre garçon.

Absurde d'être intimidée par vous.

Vraiment ridicule.

*Monsieur Parsky, le hasard de la vie, le merveilleux hasard de la vie — non, le hasard tout court — le hasard de la vie fait que je vous rencontre dans ce train, je ne peux m'empêcher de vous dire...*

Et que vas-tu lui dire ?

Comment peux-tu remonter la pente d'une telle mièvrerie ?

*Monsieur Parsky, je suis prête à n'importe quelle aventure avec vous.*

Juste pour voir sa tête.

S'il rit, s'il rit de bon cœur, il est l'homme que j'imagine.

Lance-toi Martha, la vie est courte.

Et s'il ne rit pas ?

S'il ne rit pas, il n'est pas l'homme que tu imagines, tu baisses la vitre et tu jettes *L'Homme du hasard* par la fenêtre.

Et tu te jettes avec de honte.

Et s'il rit de bon cœur ?

S'il rit de bon cœur...

Quel supplice !...

L'HOMME. Impossible de dormir dans un train.

Déjà dans un lit, alors dans un train.

Étrange cette femme qui ne lit rien.

22

Une femme qui ne lit rien durant tout un voyage.
Pas même un petit *Marie-France*.
Écrire pour le théâtre ?
Non, non, non... Mais non !
Comment même l'idée peut me traverser l'esprit !
Je dois avoir quelque chose de vicié dans le cerveau.
D'ailleurs au théâtre, je ne supporte que le boulevard.
Au fond.
Au boulevard, on rit normalement.
On ne rit pas de ce rire infernal qu'on entend maintenant dans les salles de spectacle, genre culturelles.
Rire qui rit de savoir si intelligemment pourquoi il rit.
Petit rire sporadique et *in*.
Le rire d'Élie Breitling à *Mesure pour mesure*.
Eh oui. Élie rit de cette manière maintenant. C'est nouveau. Il n'a pas toujours ri comme ça. Non, non, il fut un temps où dans une foule, Élie riait normalement.
Un temps où Élie m'aurait parlé de *L'Homme du hasard* dans sa cuisine à trois heures du matin, devant un quinzième Fernet, et où avidement je l'aurais écouté.
Est-ce qu'il y a aujourd'hui dans le monde entier, dans le monde entier une seule personne qui saura lire ce livre ?

LA FEMME. Je ne suis pas en bons termes avec Nadine, la femme de Serge.
Serge avait des aventures, elle savait que je le savais.
Elle croyait que je donnais ma bénédiction.
C'est dommage que cette relation se soit effritée.
Nadine a toujours respecté mon amitié avec Serge.
C'est une femme intelligente.
Les choses se sont dégradées lorsque Serge s'est mis à avoir des aventures.
Des aventures — le mot est exagéré. Enfin.
Nadine, en vieillissant est devenue un char d'assaut.
Et quand une femme devient un char d'assaut, un homme regarde davantage les autres.

Je vous parle de Serge monsieur Parsky, parce que Serge était un de vos personnages.

Il ne vous aimait pas, mais est-ce que vous lisant, vos personnages vous aimeraient ?

Imaginons Strattmer lire *L'Homme du hasard*.

Je crois qu'il s'impatienterait au bout de deux pages.

Comme Strattmer, Serge était insomniaque.

Une nuit où il ne pouvait dormir, il se tournait, retournait dans son lit, il s'est mis pour se calmer à penser à Auschwitz.

Il s'est figuré l'inconfort des paillasses, l'odeur de la tinette, l'exiguïté, toi tu es là, se disait-il à lui-même, dans ton lit moelleux, dans des draps propres, tu n'as pas les pieds puants d'un voisin dans la bouche, tu ne dois pas te lever pour porter l'immonde seau : dors !

Dors mon brave Serge !

Au moment où il allait s'endormir, il s'est dit, mais comment ! une idée qui devrait me hanter, me laisser sans repos, je l'utilise comme soporifique !

L'horreur à laquelle je ne participe pas serait pour moi une pensée apaisante ? !

Il a voulu écrire sur cette confusion. Il s'est levé pour chercher du papier.

Impossible d'en trouver.

J'ai réveillé Nadine m'a-t-il dit, qui elle, rendons-lui cette justice, n'a pas besoin de penser à Auschwitz pour dormir, et j'ai dit comment est-ce possible, comment est-ce possible ai-je dit, m'a dit Serge, et tu vois je suis calme, je dis la chose calmement, comment est-ce possible qu'il n'y ait pas de papier dans une maison ?

J'ai horreur des gens qui dorment.

Comment peut-on dormir ? Bien dormir !

Vous Martha — nous nous sommes toujours vouvoyés, Serge avait dix-sept ans de plus que moi et nous nous sommes toujours vouvoyés — vous Martha, je sais que vous dormez mal et c'est la pierre angulaire de notre amitié. Nadine dort. C'est sa manie maintenant. Elle dort.

Avant, c'était une femme avec qui on pouvait discuter la nuit.

Un jour, j'émettrai une théorie sur les gens qui dorment.

Ce jour-là, nous déjeunions ensemble — en matière d'hypocondrie, Serge vous surpassait — je lui dis, vous avez bonne mine. Comment j'ai bonne mine ! Je n'ai pas fermé l'œil de la nuit, j'ai bonne mine ? ! Un problème de pigmentation peut-être ? !

Il s'est levé et il a été vérifier son teint dans les toilettes.

Avant de mourir, il m'a dit, pour mon enterrement je ne veux pas qu'une seule parole soit prononcée.

Soyez gentille d'être là pour vérifier.

Pour la musique, j'aimerais bien Schumann mais je ne voudrais pas paraître trop romantique.

Franchement monsieur Parsky, est-ce que Serge n'est pas un de vos personnages ?

J'ai peur monsieur Parsky, que mon ami Serge me manque terriblement.

L'HOMME. Dire que j'ai ignoré Debussy depuis des années !

Trente ans sans écouter une note de Debussy. Je me suis bien débrouillé dans le *Clair de lune* avant-hier.

Pour que le prof me propose *La Cathédrale engloutie*, il a dû être impressionné par mes progrès.

Bien fait de reprendre le piano.

Il s'est opéré un mûrissement... Un saut intérieur...

Comment Nathalie a pu me dire que Youri joue mieux que moi ?

Quel manque d'écoute !

Ah bien sûr, moi je ne m'attaque pas aux mêmes œuvres que monsieur Youri Kogloff. Je ne m'attaque pas à Scriabine, je ne joue pas *L'Île joyeuse*.

J'aime trop la musique.

Lui, il joue même *Scarbo*.

Tout est faux, rien n'est en mesure, la moitié des notes sont bouffées.

Il joue comme un vieux Juif réfugié qui joue dans les bars.

Ma propre fille est bluffée.

Elle me dit que je ne sais pas me servir de la pédale.

Elle a raison.

Je m'en sers de moins en moins d'ailleurs.

Rares sont les morceaux qui exigent la pédale. Même Schubert. Même Schubert, je m'en sors très bien dans cet *Impromptu* sans pour ainsi dire de pédale.

Je le joue très proprement. Bon, avec pédale c'est idéal, quand on sait s'en servir. Mais sans pédale, c'est pas mauvais du tout, c'est même bon.

Youri lui la pédale, il connaît.

La Japonaise est épatée quand Youri se met au piano.

Youri joue devant n'importe qui.

Aucune pudeur.

Plus il dilue, plus la Japonaise apprécie.

C'est vrai que je peux attaquer *La Cathédrale engloutie*.

Mes progrès sont dus à deux facteurs.

D'abord, je lis de mieux en mieux. Grâce à Bach, je me suis habitué à une main gauche riche, rapide, qui force l'anticipation.

Et deuxièmement, j'arrive à m'entendre.

Facile d'entendre les autres. S'entendre soi-même, c'est ça la difficulté.

Il faut que je dise au prof de me faire travailler quelques *Scènes de la forêt*.

Toujours senti Schumann. Je suis mûr maintenant.

*L'Oiseau prophète*, voilà ce qu'il faut que je joue.

Voilà mon prochain morceau.

Si j'étais peintre, je dessinerais le visage de cette femme.

Un visage troublant. Une froideur... non, une indifférence troublante.

Une femme qui se prête à l'invention.

LA FEMME. Lorsque Serge avant de mourir m'a dit qu'il souhaitait Schumann pour son enterrement, mais qu'il craignait de paraître trop romantique, j'ai ri.

J'ai ri naturellement. Mais lui m'a dit, comment pouvez-vous rire ? Vous ne vous souvenez pas vous-même, lorsqu'on vous opéra de votre hanche et que vous étiez persuadée de ne pas réchapper à l'anesthésie, vous m'avez dit, si jamais je meurs, ne mettez surtout pas mon âge dans *Le Figaro* !

Qui de nous deux est le plus frivole ?

Frivoles jusque dans l'au-delà nous sommes.

Accepter qu'un être que nous aimions soit mort.

Accepter que le monde compte un être de moins qui nous aimait...

Mes parents, disparus.

Disparu un mari que j'aimais.

Morts, quelques amis.

Mort, Serge.

Accepter de n'être maître ni du temps ni de la solitude.

Bonne idée de me faire faire la couleur avant de partir.

La dernière fois c'était trop blond, mais cette fois-ci elle l'a bien réussie.

Bien fait de mettre mon tailleur jaune. Je n'ai pas froid comme je le craignais et il me donne un air énigmatique.

Si cet idiot d'écrivain daignait lever les yeux sur moi, il me verrait à mon meilleur.

C'est déjà une satisfaction.

Pensez-vous vraiment que l'homme n'ait pas changé depuis l'âge de pierre ?

Je brûle de vous poser la question. Comme vous le prétendez tout au long de *L'Homme du hasard*, croyez-vous vraiment qu'il n'y ait que son savoir qui ait évolué ?

Vous n'inventez pas cette théorie, que le savoir ne change rien.

Non, bien sûr, mais vous la développez avec une telle amertume.

Tellement amer est votre sentiment.

Si je vous parle avec cette insistance — quoique en secret — de Serge, c'est que tant de choses me font aller de vous à lui ou de lui à vous. Un jour, je l'appelais, sottement excitée par la chute du mur de Berlin. Il me dit bon, oui, et alors ? Cet écroulement ne rendra pas les hommes meilleurs.

— Au fond, je me demande s'il n'y avait pas un petit fond de jalousie dans son antipathie pour vous ; cela devait l'irriter que j'aille dénicher dans vos œuvres son propre caractère et ses propres réflexions — Une autre fois, il me dit à propos des Chinois de la place Tiananmen, je me fous des étudiants chinois, je préfère encore les Iraniens.

Je préfère la transe aux droits de l'homme.

Serge, excessif comme Strattmer, et comme vous.

Pas un gramme de mesure.

Une séduction essentiellement fondée sur les défauts.

Avec quel cafard j'ai fait ma valise hier soir !

Est-ce que les hommes ont un cafard identique ?

Triste encore ce matin.

Triste à la gare.

Une femme qui fait le voyage Paris-Francfort avec pour seule lecture *L'Homme du hasard* est une femme profondément déprimée. Je voudrais un jour qu'on m'explique pourquoi la tristesse vous attaque par surprise, quand tout semble en ordre.

Allez hop, je sors le livre.

Je sors le livre. Je me mets en position afin qu'il me voie. Il ne peut pas ne pas réagir. Il ne peut pas me voir rentrer dans son intimité à deux mètres de lui sans se manifester. Qu'allez-vous faire à Francfort ?

La Foire du livre ? Non. D'abord je ne crois pas que ce soit l'époque, et un écrivain de votre nature, coquettement sauvage, ne se rend pas à la Foire du livre.

Que pouvez-vous faire dans cette ville ?

Mon Dieu, faites qu'il me parle.

L'HOMME. Que va-t-elle faire à Francfort ?

Rejoindre un parent ? Travailler ?

Un amant dans l'industrie pétrochimique.

Cette femme n'a pas de mari, mais un amant. Dans l'industrie pétrochimique. Excellent.

À moins que tout bonnement, elle ne soit allemande.

Et qu'elle retourne chez elle.

Elle n'est pas allemande. Non.

Pourquoi ? Pourquoi n'est-elle pas allemande ? Pas une Allemande de Francfort en tout cas. Pas une Allemande, non, non. Une Allemande ne regarde pas de cette manière par la fenêtre. C'est une femme qui va quelque part. Pas une femme qui revient.

L'aborder ?

Que dire ?

Quelle importance qu'elle soit allemande ou autre chose ? Si, si, le ver est dans le fruit, je dois savoir !

Je l'aborde :

— Madame, je vous prie de m'excuser, ne pourrait-on pas ouvrir légèrement la fenêtre ?

— Oui, il fait chaud. Bien sûr.

LA FEMME. Vous m'avez exaucée !

Pour une vétille vous m'avez exaucée !

Pour trois mots insignifiants qui ne changent pas le haut cours des choses et du temps.

Mon Dieu, vous ai-je une seule fois prié sans vous demander un service ?

Peut-être ne devrais-je pas vous connaître monsieur Parsky.

Pourquoi prendre le risque, si par malheur vous ne me plaisiez pas, de ne plus rien aimer de vous ?

On me répète que l'œuvre et l'homme ne sont pas intimement liés.

Comment est-ce possible ?

J'aurais dû... j'aurais dû ajouter encore quelque chose au lieu de sourire benoîtement.

J'ai été prise de court.

Maintenant le voilà reparti dans ses pensées.

Quelle gourde.

Après tout, j'ai le droit de briser le silence moi aussi. Ne serait-ce qu'une fois.

Mais que dire ?

L'extrême banalité est ce qu'il y a de plus léger, de plus approprié.

Surtout ne pas lui donner l'impression de sauter à pieds joints dans une conversation.

Après la fenêtre ?...

L'HOMME. Française. J'en étais sûr.

Française. Une voix émouvante.

Un brin d'étrangeté.

Un amant chef d'orchestre. Pourquoi pas.

Il va diriger *La Nuit transfigurée.*

Ensuite vous irez dormir à Wiesbaden.

Vendredi à Mayence où vous achèterez un tableau vous représentant, d'un petit maître du XVIᵉ italien.

Le titre du tableau, *Portrait et songe de Giovanna Alviste.*

Vous êtes un peu penchée, de trois quarts au crépuscule et vous regardez par une fenêtre un paysage indistinct avec un pont.

Vous êtes tombés en arrêt l'un et l'autre, chez l'antiquaire devant cette peinture. Car sur la toile, rendus mélancoliques par la lumière de la lune, ce sont vos traits indiscutables, vos yeux particuliers, posés sur les choses d'une certaine manière vigilante et hautaine.

Vous achetez le tableau. Non pas vous, le chef d'orchestre achète le tableau.

Il vous dit qu'il le mettra dans sa chambre où il pourra chaque jour en toute impunité, vous contempler.

Vous riez.

Vous riez et vous essayez de vous rappeler qui vous étiez lorsque vous étiez *Giovanna Alviste.*

Une brindille de vie parmi d'autres, minuscule point dans le temps, parmi d'autres inutiles solitudes, brindilles amoncelées, petits fagots éparpillés sur les chemins...

Amer.

Pourquoi avoir payé Biarritz à madame Cerda ?

Qu'est-ce qui m'a inspiré cette générosité ?

Son grand couillon de fils était là. Elle espérait le sauver de la connerie en lui offrant un scooter.

Toujours regretté mes instants vertueux.

Tous les gestes « nobles », j'ai toujours décelé après coup une raison frelatée de les avoir accomplis.

Complètement démantelée madame Cerda depuis l'éclatement du communisme.

Madame Cerda n'a vécu qu'en se positionnant contre les rouges. Que peut Biarritz dans un cas pareil ?

Nathalie me dit que... comment s'appelle-t-il déjà... ?

Sledz. Sledz a adoré *Un passant comme un autre*.

Les gens me parlent de livres écrits il y a trente ans ! Je ne sais même plus ce qu'il y a dedans. Sans blague, je ne sais plus.

Il a aimé *Un passant comme un autre* que tout le monde a aimé, bon, évidemment lui il l'a lu il y a quinze jours, pour lui c'est le présent, Paul Parsky au présent, pour moi c'est l'œuvre d'un autre. Il y a un malentendu avec le temps.

Ce que nous produisons stagne. Se calcifie. Ne reste actif que pour les autres.

La production d'un homme est ce qu'il y a de plus éloigné de lui avec le temps.

D'abord pourquoi a-t-il lu *Un passant comme un autre* ? Au lieu de *La Remarque* par exemple, bien supérieur. Sans parler de *L'Homme du hasard*.

Que j'aurais désapprouvé d'ailleurs, car trop neuf.

À tout prendre, je préfère qu'il ait déterré le *Passant* plutôt que de se jeter sur *L'Homme du hasard*.

Se jeter sur *L'Homme du hasard* avant de me rencontrer eût été la pire, la pire bévue.

... *Monsieur Sledz, un voyage à Francfort m'a donné l'occasion de réfléchir à notre situation...*

Pourquoi *notre* ? Il se fout de *ma* situation.

C'est bien ça que je lui reproche ! Il devrait penser à moi !

LA FEMME. J'aime les voyages.

En posant le pied à Francfort, je serai une autre : la personne qui arrive est toujours une autre.

D'ailleurs c'est ainsi qu'on va, d'autre en autre, jusqu'à la fin.

Monsieur Parsky, vous avez posé vos yeux sur moi d'une certaine manière, il y avait un point d'interrogation dans la lumière de vos yeux.

Pour un court instant de votre vie, peut-être même

imperceptible à vous-même, je suis sûre de ne pas vous avoir été indifférente. Quelle était votre question ?

Je réponds oui d'avance.

Oui, c'est moi.

Celle qui un jour, en secret, emportera le monde où vous êtes, c'est moi, j'emporterai votre lumière, votre visage, vos heures joyeuses ou tristes, les nuits et les jours qui portent votre nom, le temps entier en cendre.

C'est moi. Moi qui vous ai aimé, qui vous ai colorié à ma guise, moi qui ai contemplé chaque chose sous votre houlette incessante, je vous effacerai, je vous emporterai dans ma fin et rien ne restera de vous et de rien.

Voilà ma réponse tandis que vous posez vos yeux sur moi et me parlez d'un courant d'air. J'ai un frère, qui habite Paris. Qui est plus âgé que moi.

Nous parlons sans cesse des autres parce que nous sommes constitués des autres, n'est-ce pas ?

Vous le savez comme écrivain, mieux que personne.

Mon frère habite Paris, dans un bel immeuble du XVIIe arrondissement.

Le hall de son immeuble est pavé de dalles blanches, beiges et noires.

Il habite cet immeuble depuis vingt-cinq ans, et depuis vingt-cinq ans, chaque jour que Dieu fait, mon frère ne marche que sur les dalles claires, en alternant selon une disposition très précise et toujours identique, les blanches et les beiges.

Jamais depuis vingt-cinq ans, il n'a marché sur une dalle noire.

Et il défend à toute personne l'accompagnant de marcher sur les dalles noires qui sont pourtant plus attirantes que les autres.

Lorsque par mégarde, il croise la concierge à qui il n'a jamais osé imposer son interdit, il ferme les yeux pour ne pas assister au sacrilège. D'elle, il m'a dit qu'il agissait auprès de la copropriété pour qu'elle soit remplacée car, je le cite, c'est une femme irresponsable qui piétine le damier en dépit du bon sens.

Mon frère est persuadé que l'ordre du monde dépend de l'excellence de son passage.

Un ordre du monde qui comprend tous les croisements possibles, y compris, monsieur Parsky, le nôtre dans ce Paris-Francfort.

Et si j'ose, à mon tour, diriger ma voix vers vous, ce sera parce que dans le grand dédale des choses, mon frère ou moi avons posé, conformément à la règle, notre pied sur une pierre adéquate. Bon. Assez philosophé.

Nous avons dépassé Strasbourg. De l'action.

Une phrase banale. Non.

Je sors le livre.

(*Elle sort de son sac* L'Homme du hasard.)

Le plus drôle serait qu'il ne le remarque pas.

Allons Martha, de l'astuce dans ta manière de lire.

Discrète et irrésistiblement présente.

Mon cœur bat !

J'ai douze ans — Quel voyage !

L'HOMME. Combien de fois dans ma jeunesse ai-je pensé, ah vieillesse ! — félicité — calme — ne plus paraître !

Quelle andouille !

Ah vieillesse ! Qui vois-je aujourd'hui ?

Un garçon au physique acrimonieux. Un type qui prend la mouche quand son vieil ami Breitling émet l'ombre d'une réserve.

Non, non. Non, ce n'est pas l'ombre d'une réserve.

Ne minimise pas.

Et si ce qu'on nous dit nous est indifférent, pourquoi s'escrimer dans une activité vouée aux suffrages extérieurs ?

Un vieillard asservi au jugement de ses semblables, condamné à faire, quoi qu'il en dise, bonne figure.

Mais devant qui ? Devant qui ?

Elle lit.

Elle lit L'Homme du hasard !...

Inouï...

Où en est-elle ?

À la page... à la page... 120 ?...

Inouï...

*120*... Strattmer est à l'hôpital.

Il a rencontré Reuvens. Elle a déjà lu le chapitre sur la maladie du dénombrement. Ou bien elle est dedans. Non, elle ne rit pas, elle a donc fini de le lire. À moins qu'elle ne soit dedans et qu'elle ne rie pas. Non, non. Cette femme rirait. J'en suis sûr. Elle l'a dépassé.

On ne peut pas ne pas au moins sourire à la maladie du dénombrement.

Elle sourit ! Elle sourit ! Elle est dedans !

Strattmer rencontre Reuvens qui lui parle de sa maladie du dénombrement que Strattmer a également — une de plus.

Ne la regarde pas avec cette insistance. Tu vas la déconcentrer.

Inouï —

Elle ne sait pas qui je suis, non. Non, bien sûr.

Elle ne lirait pas de cette façon innocente. Elle ne sait pas qui je suis.

Pourquoi n'a-t-elle pas commencé à lire dès le début du voyage ?

Un manque d'intérêt. Non. Il suffit de voir son visage. Bonne figure devant qui ? Devant qui mon petit Parsky ? Eh bien devant cette inopinée compagne de voyage, cette femme silencieuse que le sort t'envoie et que tu guettes de ta prunelle suppliante.

Elle lit *L'Homme du hasard* !

C'est vraiment extravagant.

Je savais que cette femme était intéressante.

Vais-je rester dans l'anonymat ?

Pourquoi n'a-t-elle pas lu dès le début du voyage ?

Parce qu'elle réfléchissait.

À Francfort, elle va rompre avec le chef d'orchestre.

Elle réfléchissait aux modalités de la rupture. Aux modalités terminologiques de la rupture. Les mots entre eux ont toujours été soumis à la pesée.

Elle va rompre avec le chef d'orchestre et *L'Homme du hasard* est le livre témoin de ces heures.

Rester dans l'anonymat ? Certes.

Mais est-ce que je n'en éprouverais pas, comme une amertume ?

Pour changer. À quoi me servirait cette élégance ?
Me priver d'un effet agréable probablement ?
D'ailleurs ce n'est pas une élégance, comme tu te
flattes vite, une discrétion disons, une timidité voire.
Est-ce que la substance bénéfique que je pourrais
tirer de cet événement étrange, à travers son simple
souvenir et sa narration à d'autres, est suffisante ?
Insuffisante.
Je dois me manifester.
Mais peut-être en deux temps.

LA FEMME. « ... *Je me considère Strattmer comme pol-
lué vis-à-vis de ma fille. J'ai toujours peur de l'infecter.
En rangeant des déchets de poisson dans la cuisine, je
vois un tiers de citron vert. Je le lèche car j'aime le goût
qui me rappelle le Mexique. Je le repose sur la table. Je
me dis, tu ne vas pas le laisser, souillé, à la portée de
tous. Tu ne peux pas le jeter, il t'a coûté 1,75 F, c'est un
citron vert, il est rare. Alors je mords dedans et je l'aspire
jusqu'à ce qu'il soit en mesure d'être jeté. Pendant cinq
minutes d'acidité buccale, je me suis conformé à la
danse électrifiée que mes membres me dictaient et j'en
ai profité pour compter les boutons de placard de l'office,
éléments que curieusement je n'avais jamais aupara-
vant dénombrés.* »
Comme c'est étrange que je vous aie parlé de mon
frère.
La maladie du dénombrement est précisément la
maladie de mon frère.
Mon frère est atteint de la maladie du dénombrement et à ce titre, il est lui aussi de votre univers.
Oh mon Dieu, ce que vous racontez m'est si familier !
Et vous si loin.
Je me suis fourvoyée.
Vous ne me direz rien.
Il fut un temps monsieur Parsky, où je n'avais pas
besoin d'entrer dans ces complications de livre, de
sac, de manque d'audace...
Je possédais une beauté qui disait pour moi les
choses.
Il m'a vue.

Il me regarde, il a vu le livre.

Allons.

Je n'ai pas mis le tailleur jaune pour rien.

Je ne suis pas montée dans ce compartiment pour rien.

Rien n'est pour rien.

Je compte jusqu'à vingt et je dis...

Qu'est-ce que tu dis, Martha ?

Je dis...

Trouve la phrase et compte ensuite.

L'HOMME. Un écrivain de renom voyage en face d'une inconnue qui lit son dernier livre.

Joli sujet pour une nouvelle.

Un peu vieillot.

Pourrait être écrite par un..., un qui ?...

Un Stefan Zweig. Oui... Un Miguel Torga —

Oui.

L'homme est intimidé.

Un homme qui se targue d'en avoir fini avec ces enfantillages est subitement ému par l'impudeur de la circonstance.

La femme est attirante.

Serait-il intimidé si la femme n'était pas attirante ?

Si la femme n'était pas attirante, il se conforterait dans son aversion pour ce qu'on appelle public, cette engeance à ne jamais croiser. Soyons honnête. Tu n'as jamais rien fait pour rien ni pour personne. On ne crée pas dans le vide.

On lance des bouteilles à la mer avec le désir violent d'un naufragé. Produire, ajouter au monde, c'est éprouver la magie du possible.

À toi de jouer :

— Madame, comment expliquer ce besoin d'inventer ou de rêver d'autres vies ?

Exister tout simplement est insuffisant d'après vous ?

— Monsieur, je ne sais ce que vous entendez par exister tout simplement.

Tout simplement n'existe pas.

— Le livre qui est entre vos mains, il se trouve que je l'ai lu également —

— Ah bon ?...

— Vous l'aimez ?

— Puis-je vous répondre de cette manière abrupte ? C'est un auteur que je côtoie depuis un certain temps...

— Vous aussi.

— Vous aussi ?

— Depuis un certain temps. Oui. Qu'avez-vous lu ?

— ... *Un passant comme un autre...* Un petit recueil d'histoires brèves dont j'ai oublié le titre... *La Remarque, Le Pas d'un homme pauvre...*

— Vous avez aimé *Le Pas d'un homme pauvre* ?

— Oui... Pour moi, c'est le plus émouvant. Et vous ?

— ... Je me souviens que c'était une œuvre proche de moi.

— Oui, je dirais la même chose. Une œuvre proche. Évidente. Et qui a dû être évidente à celui qui l'a écrite.

— Cela se peut.
On ne peut pas écrire toujours de cette manière.

— Non. Sûrement.

— On ne peut se mettre à nu qu'une fois.

— Sûrement.

*(Un temps.)*

— Vous ne voulez pas me parler de ce livre ?

— Puis-je en parler sans l'avoir terminé ?

— Oui. La fin, vous le savez, est sans importance.

— Eh bien... le livre me dit la même chose que cette photo de Prague qui est au-dessus de vous... Il me

donne, une fois de plus, la nostalgie de ce qui ne se déroule pas.
La nostalgie de ce qui pourrait être.
Est-ce qu'il parle d'autre chose ?

— Vous ne trouvez pas irritant ce ressassement ?

— Si. Je ne lis jamais sans être irritée.
C'est un écrivain profondément irritant.

— Ah oui.

— Vous aussi, vous êtes irrité.

— Oui, oui, irrité. Très irrité.
Vous allez à Francfort ?

— Oui.

*(Un temps.)*

— C'est un écrivain irritant et, à mon avis, mineur.
Vous avez tort de vous y intéresser.

— Irritant oui. Mineur non.
Tout ce qu'on aime est irritant.

— C'est un petit farfouilleur égocentrique qui n'a pas su rendre un seul instant comme une éternité, ce qui est le propre des poètes, de la mort il n'a parlé qu'avec mondanité, en ricanant comme une pauvre toupie, il dit haïr le nombre et la masse mais il n'a pas su parler du malheur des hommes, de la tristesse il n'a su dire que la sienne, et avec quelle frénésie de ressassement ! Il y a une phrase qu'il envie dans une élégie de Borges, *De l'autre côté de la porte*, dit Borges, *un homme fait d'amour, de temps, de solitude vient de pleurer à Buenos Aires sur toute chose.* Sur toute chose, Paul Parsky n'a pas su pleurer voyez-vous.

*(Silence.)*

— Monsieur, je vous trouve très injuste. Mais je ne crois pas que vous êtes sincère car vous dites tout cela avec une morgue qui dit le contraire.
Dans *La Remarque*, il voit dans le métro une femme d'un certain âge, grosse avec un fichu et un gros

manteau. Elle pleure, le visage collé au mur méchant de carrelage blanc, juste à côté il y a une affiche d'Holiday on Ice.

Aux pieds, elle a des chaussons et des socquettes sur ses mollets enflés.

Il décrit ses pieds, les charentaises, la peau meurtrie entre les chaussettes et le manteau et à travers cela toute sa vie, sa vie entière en cinq lignes...

Dans un autre livre, il raconte comment il voit de sa fenêtre son grand-père contourner la maison et disparaître d'un pas d'enfant en serrant contre lui ses analyses médicales. Et dans *L'Homme du hasard* justement, cette femme qui déjeune toute seule chaque dimanche aux *Flots-Bleus* de Royan, peinturlurée, teinte, habillée de rose, dont tout le monde se moque et ricane et dont pourtant vous dites... qu'elle était la bonté même... Sur toutes ces choses et tant d'autres que vous exprimez, monsieur Parsky, moi j'ai pleuré...

Vous n'avez pas le droit d'être amer.

En vous lisant, il y a eu mille instants comme des éternités. Et s'il faut que je me montre à la hauteur du diable qui m'a déposée dans ce compartiment, je dois vous avouer que je vous ai aimé follement et que dans une autre vie — pour ne pas vous gêner — je me serais envolée pour n'importe quelle aventure avec vous...

*(Il rit.)*

# CONVERSATIONS
## APRÈS UN ENTERREMENT

# PERSONNAGES

NATHAN, *quarante-huit ans.*
ÉDITH, *quarante-cinq ans.*
ALEX, *quarante-trois ans. Frère de Nathan et Édith.*
PIERRE, *soixante-cinq ans. Leur oncle, frère de la mère.*
JULIENNE, *cinquante-quatre ans, sa femme.*
ÉLISA, *trente-cinq ans. Ex-maîtresse d'Alex.*


# LIEU

*Une propriété de famille dans le Loiret.*
*Pas de réalisme.*
*Un espace ouvert et unique.*
*Sont seulement suggérés, par des éléments successifs, le bois,*
*la clairière et la maison.*
*De sorte que les « noirs », progressifs ou non, soient le plus*
*brefs possible.*

CONVERSATIONS
APRÈS UN ENTERREMENT
*de Yasmina Reza*

*a été créée le 15 janvier 1987*
*au Théâtre Paris-Villette*
(direction : Henri de Menthon).

*Mise en scène :* Patrice Kerbrat
*Décor :* Jacques Le Marquet

*Distribution*

Nathan : Paul Barge
Édith : Josiane Stoléru
Alex : Jean-Michel Dupuis
Pierre : Jean-Paul Roussillon
Julienne : Lucienne Hamon
Élisa : Caroline Sihol

## 1

*Midi.*
*Dans le silence du sous-bois, un homme recouvre de*
*terre le cercueil du père. Puis il s'écarte.*
*Debout, immobiles, Nathan, Édith et Alex. Plus loin,*
*Pierre et Julienne. Légèrement en retrait, Élisa. Nathan*
*sort un papier de sa poche, et lit à haute voix.*

NATHAN. « Lorsque ma mère est morte, j'avais six
ans. Elle montait l'escalier avec sa valise et je me souviens de la valise qui dérape sur les dalles de pierre.
Lorsque mon père a disparu, j'avais onze ans et
c'était la guerre... Je me trouvais seul au monde, si
seul et si soudain éveillé que le Diable me visita... Je
l'accueillis comme un renfort stratégique, un rem-
part de château fort où je m'éclipsais à l'abri des
meurtrières. De ce jour, et pour l'éternité, je sortis en
vie, de la tête aux pieds bordé d'épines, impeccable
et glacé. À mon fils imaginaire, j'ai donné pour nom
Nathan. Pour toi Nathan, mon prodigieux éclat,
fasse le ciel que je ne meure pas trop tôt. Simon
Weinberg, 1928. » Papa avait 20 ans.

*Noir.*

## 2

*Une terrasse. De plain-pied avec la maison. Une table.*
*Des chaises de jardin.*
*Alex et Nathan, debout.*

NATHAN. D'où tu viens ?

ALEX. De ma chambre.

NATHAN. Je t'ai appelé, tu n'as pas répondu.

ALEX. Elle est partie ?

NATHAN. Je ne sais pas.

ALEX. Qui l'a prévenue ?

NATHAN. Je ne sais pas...

ALEX. Toi.

NATHAN. Non.

*Apparaît Édith.*

ÉDITH. C'est moi... C'est moi qui l'ai prévenue.

ALEX. Tu lui as dit de venir ?

ÉDITH. Non. *(Un temps.)* Quelle importance ?

ALEX. Elle est partie ?

ÉDITH. Non.

ALEX. Dis-lui de foutre le camp.

ÉDITH. Arrête...

ALEX. Dis-lui de foutre le camp. S'il te plaît.

*Silence.*

ÉDITH. Vous voulez que je fasse du café ?

ALEX. Il y a là-dedans une indécence !

ÉDITH. Écoute Alex, tu ne trouves pas que ce n'est pas
le moment...

NATHAN. Laisse-le...

ÉDITH. Ils se voyaient tu sais, elle est même venue ici sans que tu le saches.

ALEX. Et alors ?

ÉDITH. Je veux dire, il n'est pas anormal qu'elle soit là...

ALEX. Parce que toi, dès que tu fréquentes quelqu'un tu vas nécessairement à son enterrement ! Tu dois passer ta vie dans les enterrements ma pauvre !

NATHAN. Tu fais un café Édith ?

ÉDITH. Oui...

ALEX. Laisse. J'y vais. *(En partant.)* En fait, c'est moi qui suis anormal.

NATHAN. C'est ton comportement qui est anormal.

*Alex regarde Nathan, puis part. Édith s'assoit.*
*Silence.*

*Apparaît Élisa.*

ÉDITH. Assieds-toi... Viens, assieds-toi...

ÉLISA. Non, je ne vais pas rester, merci... Je venais juste vous dire au revoir... Au revoir Édith... *(Elles s'embrassent.)*... Au revoir Nathan...

*Elle va vers lui et lui tend la main après une hésitation. Elle fait demi-tour.*

NATHAN. Elisa...

ÉLISA. Oui ?

NATHAN. Reste un peu...

ÉDITH. Alex est parti faire du café, reste un petit peu...

ÉLISA. Il va revenir...

*Un temps.*

NATHAN. Où est mon oncle ?

ÉLISA. Il est allé faire un tour sur la route, avec sa femme.

NATHAN. Tu la connaissais ?

ÉLISA. Non.

NATHAN. Assieds-toi.

ÉLISA. Non...

NATHAN. Si moi je m'assois, tu t'assois ?

ÉLISA. Non...

VOIX OFF D'ALEX. Édith, où sont les filtres ?

ÉDITH. Au-dessus de l'évier...

*Elle se lève et sort. Silence.*

NATHAN. Tu as coupé tes cheveux.

ÉLISA. Oui... Depuis longtemps déjà.

NATHAN. C'est bien...

ÉLISA. Tu trouves ?

NATHAN. Oui.

ÉLISA. Il faut que je parte...

*Silence.*

NATHAN. Au revoir.

ÉLISA. Au revoir...

*Elle fait demi-tour puis revient vers lui.*

ÉLISA *(très vite)*. Nathan, je crois qu'on ne se reverra plus jamais, il y a une chose que je dois te dire... Durant ces années, je n'ai pensé qu'à une seule chose, te revoir, je n'ai eu qu'une obsession, te revoir, te voir, entendre ta voix... J'ai vécu hantée par toi, incapable d'aimer qui que ce soit...

*Elle se retourne et part très vite. Nathan reste seul.*

*Éclipse.*

*Même scène, même lumière. Nathan est seul.*

*Apparaît Édith portant des tasses de café.*

ÉDITH. Elle est partie ?

NATHAN. Oui.

*Elle pose les tasses sur la table.*

ÉDITH. Jean vient de téléphoner. J'ai failli l'inviter à déjeuner demain et puis j'ai pensé que... En fait je n'ai pas très envie de le voir, pas lui précisément mais... Il est envoyé à Londres.

NATHAN. Content ?

ÉDITH. Oui, j'imagine. *(Elle sourit.)* Il m'a dit ça avec une voix sinistre...

*Nathan sourit.*

ÉDITH. Tu n'as pas chaud ? Je ne sais pas pourquoi j'ai chaud... *(Elle retire son gilet.)* On se croirait en septembre... Elle a bien fait de partir.

*Apparaît Alex avec la cafetière.*

ALEX. Il sera faible, je n'ai trouvé qu'un fond de boîte.

NATHAN. Dans le placard de l'office ?

ALEX. Pas regardé.

ÉDITH. C'est la première fois que je te vois faire du café.

ALEX. Comment tu crois que je vis ?

ÉDITH. Je n'ai pas dit que tu savais pas. Tu prends tout mal.

ALEX. Je le prends pas mal, qu'est-ce que j'ai dit ? Simplement tu as l'air de considérer comme une révélation que je sache faire du café, n'importe quel con peut faire du café, c'est quand même pas un tour de force... Déjà dans la cuisine, tu m'as demandé si je savais !

ÉDITH *(émue).* Je ne t'ai pas demandé si tu savais, je t'ai demandé si tu voulais que je t'aide.

ALEX. C'est pareil.

NATHAN *(tandis qu'Alex termine de verser le café dans les tasses).* C'est de la pisse ton café.

*Alex goûte et repose sa tasse avec une mine écœurée.*

ALEX. Qu'est-ce qu'ils font tous les trois ?

NATHAN. Pierre et sa femme se promènent. Élisa est partie.

ALEX. Tu l'as vue ?

NATHAN. Elle est venue nous dire au revoir.

ALEX. Vous lui avez demandé de partir ?

NATHAN. Non.

*Silence. Alex fait quelques pas.*

ALEX. Il faudrait tondre ce potager, il est bourré d'orties. *(À Édith.)* Il y a un sécateur ?

ÉDITH. Tu veux tondre le potager avec un sécateur ? !

ALEX. Je ne peux plus regarder ce bois sans imaginer papa en train d'étouffer dessous... C'est une folie de l'avoir enterré ici... Vous ne ressentez pas cette oppression vous ? Je vois sa tête, les narines pleines de terre, avec le bruit sourd des oiseaux...

ÉDITH. Arrête...

NATHAN. Le sécateur est dans la remise, sur la table.

ALEX *(se retournant vers Édith).* J'ai envie de cueillir des chardons figure-toi. D'où le sécateur.

*Il part. Un temps.*

ÉDITH. Tu te souviens des bouquets de chardons ?

NATHAN. Lui s'en souvient.

ÉDITH. Ce n'est plus la saison... Qu'est-ce que je fais à dîner ? Il n'y a rien. Il y a une boîte de thon, du riz...

NATHAN. Très bien.

ÉDITH. Tu crois qu'ils vont rester ce soir ?

NATHAN. Aucune idée.

ÉDITH. Elle si fatigante...

NATHAN. Elle est drôle, elle est vivante...

ÉDITH. Tu trouves ?

NATHAN. Oui... Moi je l'aime bien.

*Un temps.*

ÉDITH. Aide-moi Nathan.

*Noir.*


3


*Une route de campagne. Pierre et Julienne marchent. Elle a ôté son manteau qu'elle porte sur son bras.*

JULIENNE. Si j'avais su qu'on aurait cette chaleur, j'aurais mis ma gabardine... Avoue que c'est imprévisible en novembre tout de même ! En tout état de cause je ne vois pas pourquoi je me suis mise en noir, c'est ridicule, je suis la seule à être en noir. Qu'est-ce qu'on fait ce soir ? On reste dîner à ton avis ?

PIERRE. Je ne pense pas que ce soit très délicat de s'imposer.

JULIENNE. Tu te vois reprendre la route cette nuit ? Franchement on pourrait au moins rester dormir.

PIERRE. On verra.

JULIENNE. Ce paysage est d'une platitude ! Rien à voir avec la Normandie. Elle est jolie cette Élisa. Non ?

PIERRE. Un peu plate.

JULIENNE. Un peu plate oui. C'est la mode. Arrête-toi. Tu vois, c'est terrible dès que je fais cinquante mètres, je suis essoufflée.

PIERRE. Tu ne fais jamais d'exercice, c'est normal.

JULIENNE. Non, non c'est plus grave, j'ai quelque chose au cœur j'en suis sûre. Tiens, touche... Pas comme ça !... *(Petit rire.)* Pierre écoute, sur la route !

PIERRE *(qui passe sa main sous le chemisier).* Mais combien d'épaisseurs tu as ? !

JULIENNE. Trois, sans le manteau. J'ai mis un tricot de corps en laine juste avant de partir.

PIERRE. Tu étouffes là-dessous !

JULIENNE. J'étouffe. C'est le tricot de corps qui m'oppresse.

PIERRE. Enlève-le.

JULIENNE. Où ? Ici ? !

PIERRE. On va trouver un arbre...

JULIENNE. Tu vois un arbre toi ?

PIERRE. Si tu es courageuse, tu l'enlèves dans le champ de maïs, pendant ce temps je surveille la route.

JULIENNE. Et si le paysan me voit ?

PIERRE. Il n'y a personne.

JULIENNE. Tu ne connais pas les paysans, un jour Nicolas a traversé un champ de je ne sais pas quoi, le bonhomme l'a poursuivi avec son tracteur ! Ça va aller, ça va aller, ne t'inquiète pas.

PIERRE. Rentrons si tu veux, tu l'enlèveras là-bas. Enlève ton chandail au moins.

JULIENNE. Tu crois ?... Ah non tu vois, j'ai froid aux bras. Non, non, c'est le tricot de corps...

*Ils font demi-tour.*

JULIENNE. Il était marié avec cette fille ?

PIERRE. Qui donc ?

JULIENNE. Alex.

PIERRE. Non.

JULIENNE. C'est amusant qu'aucun des trois ne se soit marié.

PIERRE. Oui.

JULIENNE. Des gens de cette génération surtout. Ce n'est pas ordinaire.

PIERRE. Je t'ai bien épousée à soixante-trois ans.

JULIENNE. Tu n'es pas un exemple. Tiens, regarde, ce n'est pas elle là-bas ?

*Pierre met ses lunettes.*

PIERRE. Ohoh !

JULIENNE. Qu'est-ce qu'elle fait là ?

PIERRE. Elle est en panne, on dirait.

*Ils partent à la rencontre d'Élisa.*


4


*L'endroit où le père est enterré.*
*Apparaît Alex. Il tient dans une main le sécateur, et dans l'autre trois tiges de chardons marron et secs. Il regarde le sol, un long moment. Enfin il s'accroupit. Un temps.*

ALEX. Écoute-moi papa. Tu es obligé de m'écouter, t'as les narines pleines de terre, tu peux pas gueuler. Maintenant c'est moi qui gueule tout seul, je n'arrête pas de gueuler. Quand je me regarde, j'ai l'impression d'être un petit vieillard. Je gueule, je m'agite comme un roquet, j'ai quelque chose de pincé, là, dans les lèvres. À douze ans tu m'as giflé parce que je mangeais une cuisse de poulet d'une seule main. Sans prévenir, tu ne m'as même pas dit « Mange avec tes deux mains », tu m'as giflé sans prévenir. Personne n'a bronché. Je suis monté dans ma chambre pleurer comme un con. Nathan est venu — mais il avait fini de manger quand il est venu —, il m'a dit « Il est comme ça parce que maman est morte », j'ai répondu : « Fous-moi la paix, il n'a qu'à crever lui aussi... »

*Pierre est apparu. Il s'est arrêté à quelques mètres, en silence.*

ALEX. Tu es là ?

PIERRE. Désolé...

ALEX. Tu venais faire une visite aussi ?

PIERRE. J'obéis à mes vieilles jambes tu sais. Elles m'entraînent, je me laisse aller.

*Silence.*

PIERRE. C'est pour lui les chardons ?

ALEX. Non.

PIERRE. Ça me rappelle ta mère. Elle faisait des bouquets de chardons admirables. En été.

ALEX. Oui.

PIERRE. Je regrette qu'ils ne soient pas enterrés côte à côte.

ALEX. Il a voulu être là.

PIERRE. Je sais.

ALEX. L'idée la plus égoïste qui soit.

PIERRE. La propriété est grande, tu n'es pas obligé de venir jusqu'ici.

*Pierre s'assoit sur une souche.*

PIERRE. Je peux rester, ou tu préfères que je m'en aille ?

ALEX. Non. Reste.

*Un temps.*

PIERRE. Quel âge as-tu maintenant ?

ALEX. Quarante-trois ans.

PIERRE. Quarante-trois... Je t'ai vu naître, et tu as quarante-trois ans... À ton âge, tout me semblait concentré derrière, fini, terminé... Une espèce de paradis consumé.

ALEX. Plus maintenant ?

PIERRE. Non !... Non, non, plus maintenant...

ALEX. Quel âge j'avais moi ?

PIERRE. Quand j'avais ton âge ? Toi tu avais une vingtaine d'années...

ALEX. Tu vivais à New York...

PIERRE. À Boston... J'étais fou amoureux d'une Américaine. *(Il rit.)*... J'avais les couilles gonflées comme des bols à café, ça me donnait une propulsion dans l'espace !

*Alex sourit.*

ALEX. Je me souviens de l'Américaine.

PIERRE. Tu l'as connue ? !

ALEX. Non, mais l'« Américaine », l'« Amerloque » de Pierre, c'était un mythe dans la famille.

PIERRE. Penses-tu ! Ça a duré six mois, au bout de six mois elle est partie en Floride avec un fabricant de dentifrice.

ALEX. Mais toi, tu es resté plus longtemps aux États-Unis.

PIERRE. Trois ans... Mais sans l'Américaine ! Il y en a eu d'autres, mais celle-là était particulière...

*Léger temps.*

ALEX. Comment expliques-tu que mon père ne se soit jamais remarié ?

PIERRE. Il avait déjà trois enfants, pourquoi voulais-tu qu'il se remarie ?

ALEX. Il avait des aventures ?

PIERRE. Pas à ma connaissance. C'est possible... *(Un temps.)* Avec Madame Natti peut-être.

ALEX. Madame Natti ? La pédicure ?

PIERRE. Je n'ai aucune preuve... Le pauvre, s'il m'entendait !

ALEX. Madame Natti !

PIERRE. Elle était très agréable, un joli petit visage triangulaire. Nathan avait des doutes aussi.

ALEX. Ah bon ? !

PIERRE. Nous nous trompions, sûrement.

ALEX. Madame Natti...

PIERRE. Tu sais, ton père n'était pas très... ce n'était pas une préoccupation essentielle pour lui. Quand Lila est morte, il avait ton âge, je ne l'ai pas connu dans sa jeunesse, mais par la suite il m'a toujours fait l'effet d'une sorte d'ascète.

ALEX. Qui s'envoyait la pédicure.

PIERRE. Mais non !... Enfin peut-être. J'espère !

*Tous deux observent en silence la terre fraîchement recouverte.*
*Un temps.*

PIERRE. Tu sais, dans ces instants de tristesse — tu vas me trouver ridicule —, il me vient parfois aux lèvres des mots de poètes... C'est bête, non ?

ALEX. Non...

PIERRE. Si, c'est bête...

*Un temps.*

ALEX. Tu sais le plus incompréhensible ?... J'ai envie de lui demander pardon... Quand il était malade, je venais m'asseoir sur son lit, incapable de trouver les mots, j'ai voulu un jour lui prendre la main, il a bougé pour replacer son drap ou la couverture... je n'ai pas insisté... Il m'a dit « Ça marche la critique ? » « Oui... » « Tu lis de bons livres ? »... Tellement d'amertume dans sa voix !...

*Silence.*

ALEX. Tu crois que je le reverrai ?... Ça te fait rire ?

PIERRE. Non, non ! Ce n'est pas ta question !... Ce n'est pas ta question qui me fait sourire...

ALEX. C'est quoi ?

PIERRE. Rien... C'est une manière de... Tu as eu une expression qui m'a rappelé quelque chose... Certaines de tes expressions quand tu étais petit... Voilà.

ALEX. Tu veux dire qu'à mon âge, on ne pose plus ce genre de questions, c'est ça ?

PIERRE. Mais non, pas du tout !

ALEX. Si. Tu souris avec un petit air de commisération, comme si...

PIERRE. Mais absolument pas ! Je ne souris pas avec un petit air... D'abord je n'ai pas souri, j'ai... « soupiré », comme on dit en littérature... J'ai soupiré en souriant... Et puis tu m'emmerdes !

ALEX. Qu'est-ce que je dis ? Moi je ne dis rien...

PIERRE. Et moi je dis n'importe quoi... Excuse-moi.

*Un temps.*

ALEX. Tu ne m'as toujours pas répondu...

PIERRE. Tu crois vraiment que je suis, moi, en mesure de te répondre ?

ALEX. Tu as bien une idée. Tout le monde a une idée.

PIERRE. Une idée... oui.

ALEX. Alors ?

PIERRE. Je crois que cette question du revoir ne se posera plus dans quelque temps... Ça c'est une idée...

ALEX. Quand je serai mort ?

PIERRE. Oh non ! Bien avant !

ALEX. Mais moi j'ai envie que tu me dises que je vais le revoir ! Merde, c'est simple, c'est net, j'ai envie que tu me dises : « Oui. Tu vas le revoir. » J'ai besoin de ça ! C'est bizarre que tu ne comprennes pas ! J'ai besoin de ça ! C'est con, c'est ce que tu veux, mais j'ai envie d'entendre, j'ai envie qu'on me dise : « Oui ! Tu le reverras ! »

*Silence.*

PIERRE. Je te signale que j'avais parfaitement compris quand même...

ALEX. Tu sais ce qu'il me disait toujours, constamment ! Outre sa frénésie à m'envoyer au quai Conti, « Il faut que tu te stabilises ! » C'était son maître mot : stabiliser... Comment peut-on envisager une vie qui ressemble à ce mot ?

PIERRE. Quand tu le retrouveras, tu lui demanderas.

ALEX. Oui... *(Il s'efforce de sourire.)* Tu comprends, ce sont toutes ces choses qu'il faut éclaircir, sinon...

PIERRE. Oui.

ALEX. Sinon... Je ne pouvais pas lutter contre lui, il ne m'entendait pas... Jamais... je n'ai aucun souvenir de lui m'écoutant, sans impatience, sans... avec calme...

PIERRE. Oui...

ALEX. Si je ne le revois pas... *(Il se tait, incapable de poursuivre.)*

PIERRE. Tu n'as pas besoin de parler tu sais...

ALEX. Je ne peux pas me faire à cette idée, quoi que tu penses, cette idée est impossible aujourd'hui...

PIERRE. Oui... Sûrement...

*Silence.*

ALEX. Tu as une sacrée patience toi...

PIERRE. Ah bon ?

ALEX. Oui. Tu as une sacrée patience.

PIERRE. Ah bon.

*Silence.*

PIERRE. Tout à l'heure, nous avons rencontré Élisa sur la route... Sa voiture est tombée en panne... La pauvre petite était affolée. Nous sommes retournés à pied au village, nous avons téléphoné partout, aucun garagiste ne veut se déplacer un samedi de Toussaint.

ALEX. Elle est là ?

PIERRE. Où veux-tu qu'elle aille ? Nous l'avons ramenée, elle voulait rester sur une chaise dans l'épicerie, attendre un dépanneur de Gien qui ne viendra jamais.

ALEX. Ça fait trois ans que je ne l'ai pas vue...

PIERRE. Trois ans... Tant que ça ?

ALEX. Oui.

PIERRE. Eh oui !...

ALEX. Je ne m'attendais pas à la revoir aujourd'hui...

PIERRE. Peut-être que...

ALEX. Non.

PIERRE. Tu ne sais même pas ce que je vais dire !

ALEX. Si.

PIERRE. Alors c'est quoi ?

ALEX. Elle n'est pas venue pour me consoler, rassure-toi. Elle n'est pas venue pour moi... Elle est venue par convention. Par respect des traditions bourgeoises.

PIERRE. C'est stupide.

ALEX. N'est-ce pas !

PIERRE. C'est toi qui es stupide.

*Silence.*

ALEX. Comment fais-tu pour être si...

PIERRE. Si quoi ?

ALEX. Si optimiste.

PIERRE. Optimiste... Je ne pense pas que tu aies choisi le mot approprié.

ALEX. Tu as compris. Traduis.

PIERRE. Tu veux dire que je manifeste dans la vie, une certaine bonne humeur... Oui... Oui... Mais quand je serai mort, personne n'ira pleurer sur ma tombe pour une cuisse de poulet.

*Alex sanglote.*
*Noir.*

5

*Quelque part dans le jardin. Élisa, Édith et Julienne se promènent.*

JULIENNE. Qui entretient la propriété ? Un jardinier ?

ÉDITH. Plus maintenant. Autrefois il y avait un jardinier. Maintenant tout va un peu n'importe comment.

ÉLISA. J'aime bien ce côté, un peu fouillis...

ÉDITH. Moi aussi. C'est la campagne.

JULIENNE. Vous avez un grand potager, c'est dommage de ne pas s'en servir.

ÉDITH. Il a toujours servi. Papa s'en occupait activement.

JULIENNE. C'est merveilleux de manger ses propres fruits. Ou ses légumes. En tout état de cause, il s'agit plutôt de légumes !

ÉDITH. Nous avons eu des fraises. Des groseilles aussi. Mais les groseilles n'ont pas très bien marché, elles étaient amères.

JULIENNE. Je n'aime pas tellement les groseilles. Ou alors en salade de fruits, avec du sucre.

ÉDITH. Oui...

*Un temps.*

JULIENNE. On se croirait en été franchement ! J'avais mis ce matin un petit sous-pull en laine par sécurité, je l'ai retiré en revenant, je ne pouvais plus le supporter.

ÉDITH. L'herbe est toute sèche, il n'a pas plu depuis des jours... On peut s'asseoir dans l'herbe si vous voulez ?

ÉLISA. Asseyons-nous.

JULIENNE. Asseyons-nous !

*Elles s'assoient. Un temps.*

ÉDITH. Ça te va bien les cheveux courts.

ÉLISA. Oui ?

ÉDITH. Ça te fait un joli cou, très fin...

ÉLISA. Tu es gentille.

JULIENNE. Vous aviez les cheveux longs ?

ÉLISA. Oui.

ÉDITH. Elle avait une longue natte qui courait derrière.

ÉLISA. Quand je les ai fait couper, j'étais presque chauve, je ressemblais au fils de Madame Vacher. C'était moins bien.

ÉDITH. Comme ça c'est bien.

ÉLISA. Oui, comme ça c'est bien.

*Silence.*

JULIENNE. Pendant que j'y pense... *(Elle fouille dans son sac.)* Voilà le fameux tricot de corps, je l'ai fourré dans mon sac sinon je l'aurais oublié... Je ne pense pas que vous l'ayez vue, je vous ai apporté une photo de votre père prise à Saint-Jean pendant le mariage... Mais où est-elle ?... Ah, la voilà ! *(Elle tend la photo à Édith.)* Je vous la donne naturellement. *(D'une voix pleine d'affliction.)* Je la trouve excellente.

ÉLISA. Elle est très belle...

JULIENNE. N'est-ce pas ? Je la trouve « chaleureuse ». « Chaleureuse », c'est le mot qui me vient.

*Édith observe la photo.*

ÉDITH. Je peux la garder ?

JULIENNE. Elle est à vous. Je l'ai apportée exprès.

ÉDITH. On dirait Nathan. L'expression.

ÉLISA. Le sourire, oui...

*Un temps.*

ÉLISA. C'était pendant votre mariage ?

JULIENNE. Oui. Il y a deux ans, la date est derrière... Je date toujours les photos, sinon on ne sait plus quand, on ne sait plus où...

ÉLISA. Vous n'allez pas oublier la date de votre mariage, quand même !

JULIENNE. Qui sait ?... Non naturellement ! Mais c'est une habitude chez moi, je date tous mes documents, les photos, les factures, même les cartes postales !

ÉLISA. Vous faites des albums ?

JULIENNE. De cartes postales ? ! Non !

ÉLISA. De photos.

JULIENNE. Ah oui. Bien sûr... Vous n'en faites pas vous ?

ÉLISA. Non.

JULIENNE. Vous non plus Édith ?

ÉDITH. Si...

JULIENNE. Moi j'en ai au moins six ou sept. Les enfants, les petits-enfants... C'est mon esprit de fourmi conservatrice.

*Elles sourient. Un temps.*

ÉDITH. Vous revoyez encore votre premier mari, Julienne ?

JULIENNE. Le premier est mort, le pauvre, d'une crise cardiaque à trente-cinq ans.

ÉDITH. Excusez-moi, je ne savais pas du tout.

JULIENNE. Ne vous excusez pas, vous ne pouviez pas le savoir. Ensuite je me suis remariée avec un dentiste dont j'ai divorcé il y a huit ans. Mais nous sommes restés en bons termes, nous nous revoyons de temps en temps. Lorsque j'ai épousé Pierre, il m'a même envoyé un télégramme de félicitations !

ÉLISA. Trois maris. Vous avez travaillé pour nous, si j'ose dire !

JULIENNE. Le jour de mes dix-huit ans, une voyante extralucide m'a prédit le couvent. Je n'étais pas une beauté mais tout de même ! Alors je me suis lancée, en quelque sorte, dans une contre-offensive...

ÉLISA. Victorieuse.

JULIENNE *(modeste)*. En définitive, oui.

*Silence.*
*Édith regarde au loin, envahie par une peine secrète.*
*Élisa et Julienne l'observent à la dérobée, n'osant plus parler.*

ÉDITH. Quand j'étais petite, je faisais des colliers de pâquerettes. Des couronnes de pâquerettes au-dessus de ma tête... Au printemps, le sol en est couvert ici.

ÉLISA. Tu vois toujours Jean ?

ÉDITH. Plus ou moins... Je parle de pâquerettes et tu penses à Jean.

ÉLISA *(souriant)*. Non...

ÉDITH. Mon éternel amant...

*Un temps.*

ÉDITH. Tu sais ce que disait papa : « La chose que tu as le mieux réussie dans ta vie, le seul acte dont tu puisses te glorifier est de ne pas avoir épousé Jean ! »... Il l'appelait Monsieur Tsé-Tsé... *(Elle sourit.)*... C'était d'une bêtise ! C'était tellement bête qu'au bout d'un moment on riait malgré nous... *(Elle rit malgré elle.)*... « Invite Monsieur Tsé-Tsé, ça nous détendra ! »

*Elle rit. Julienne et Élisa l'imitent.*

ÉDITH. Papa est mort, il me reste Jean. Et Jean s'en va à Londres... Je suis une vieille pomme desséchée.

*Silence.*

JULIENNE. Si vous êtes une vieille pomme desséchée, qu'est-ce que je devrais dire !...

ÉDITH. Vous avez des enfants, vous avez des petits-enfants, vous avez un mari, une famille... Vous vous maquillez, vous vous habillez...

JULIENNE. Alors ça, rien ne vous empêche de vous maquiller et de vous habiller !...

ÉDITH. Pour qui ?

JULIENNE. Pour personne ! Pour tout le monde... Pour vous !

ÉDITH. Je voudrais que ce soit pour quelqu'un, me faire belle pour quelqu'un...

JULIENNE. Pardonnez-moi Édith, mais vous raisonnez à l'envers. Maquillez-vous, habillez-vous, et ce quelqu'un apparaîtra dans l'heure qui suit !... *(À Élisa.)* Est-ce que je dis des bêtises, mademoiselle ?

ÉLISA. Non...

ÉDITH. J'ai connu un homme. Une nuit... Mon chef de service, rien au monde de plus banal... Un soir, je l'ai attendu près de sa voiture, je lui ai dit « J'ai envie de rester avec vous cette nuit »... Il a répondu « Toute cette nuit ? » J'ai dit « Oui »... *(Un temps.)* Je n'étais ni maquillée, ni rien du tout... J'étais comme je suis...

*Silence.*

ÉLISA. Et alors ?

ÉDITH. Je ne sais pas pourquoi je vous raconte ça maintenant.

ÉLISA. Raconte-le quand même...

ÉDITH. Nous sommes allés chez lui. Il m'a offert un verre. Il s'est déshabillé et nous nous sommes couchés comme une chose très naturelle...

*Un temps.*

ÉDITH. J'ai pleuré... Nous sommes restés un moment serrés l'un contre l'autre, et puis il s'est retiré et moi je suis allée me cacher à l'autre bout du lit... Il m'a dit : « Qu'est-ce qu'il y a ? » Il s'est penché, il a mis sa main dans mes cheveux, il a touché ma joue, il m'a dit « Viens »... Il m'a soulevée, et je suis retournée me blottir contre lui... Il m'a dit : « Qu'est-ce qu'il y a ? Pourquoi tu pleures ? C'est à cause de moi ? » J'aurais voulu dire oui et j'ai dit non, parce que sa question signifiait « Je n'ai pas été comme tu voulais ? » et que justement il avait été, dans le moindre geste, dans toute cette ardeur un peu lasse, exactement ce que je voulais...

*Un temps.*

ÉLISA. Tu l'as revu ?

ÉDITH. Au bureau, oui. Rien d'autre... Il est parti depuis.

*Silence.*

ÉDITH. À trente-neuf ans... J'avais trente-neuf ans... Je n'étais pas une amoureuse... Je ne savais rien faire... Si cet homme m'avait regardée, j'aurais pu me rendre plus coquette peut-être...

*Un temps.*

ÉDITH. Pendant l'enterrement, ce matin — ce souvenir m'obsède aujourd'hui —, j'ai imaginé qu'il apparaissait derrière un arbre... Il restait un peu à l'écart et ne me quittait pas des yeux... Toutes les femmes racontent les mêmes histoires. Il n'y a aucune métaphysique là-dedans...

ÉLISA. Tu es sûre ?...

*Léger temps.*

ÉDITH. Pourquoi tu es venue ?

ÉLISA. Tu le sais.

ÉDITH. Non...

ÉLISA. Tant pis.

ÉDITH. Quand je t'ai vue arriver, j'ai pensé que tu étais folle...

ÉLISA. Tu le penses toujours ?

ÉDITH. Oui...

ÉLISA. Alors pourquoi tu me poses la question ?

ÉDITH *(à Julienne, qui en dépit de sa gêne et d'une croissante incompréhension s'efforce d'avoir l'air neutre).* Cette femme, ma chère Julienne, a rendu fous mes deux frères.

ÉLISA. N'exagère pas.

ÉDITH. Éperdus d'amour, si tu préfères !... Ne fais pas cette tête, je ne suis pas aveugle tu sais...

ÉLISA. Tu as tort. J'aimerais que tu aies raison, mais tu as tort... *(À Julienne.)* Si vous le permettez madame, je vais rétablir pour vous : j'ai simplement vécu avec Alex, et je suis moi-même « éperdue d'amour » pour Nathan. Voilà... Vous avouerez que c'est assez différent.

*Julienne sourit poliment.*

ÉDITH. Tu as été sa maîtresse ?

ÉLISA. Une nuit...

ÉDITH. Alex le sait ?

ÉLISA. Non. Je ne crois pas... Une nuit d'amour et de séparation... *(Elle sourit.)* La même que toi avec le chef de service... Et vous, vous n'avez pas de nuit à nous raconter Julienne ? Je peux vous appeler Julienne ?

JULIENNE. Non... enfin si, vous pouvez m'appeler Julienne bien sûr !... mais je n'ai pas de nuit... Enfin je n'ai pas de nuit heu... j'ai des nuits naturellement, mais je n'ai pas de nuit, de cet ordre... Je m'exprime horriblement mal tout à coup.

*Elle sort un mouchoir de son sac, très agitée.*

ÉDITH. Nous sommes très impolies avec vous.

JULIENNE. Oh non, pas du tout.

ÉLISA. Elle a raison, pardonnez-moi.

JULIENNE. Mais non, il n'y a aucune raison. Je ne suis pas encore au parking des vieilles voitures, même si j'en ai l'air !

ÉLISA. Ce n'est pas ce que j'ai voulu dire ! D'ailleurs vous ne donnez pas du tout cette impression.

JULIENNE. Je plaisantais. *(Léger temps.)* Je voudrais faire un petit commentaire, Édith, bien que ma position d'auditeur involontaire n'autorise peut-être pas cette réflexion, mais je trouve tout naturel, tout naturel un jour comme celui-ci, de vous raccrocher à certains souvenirs. Raccrocher est un vilain mot, ce n'est pas ce que j'ai voulu dire... Comment dit-on lorsque quelqu'un se cogne... Cogner... Heurter ?

ÉDITH. Ça m'a fait du bien d'en parler. Je n'y pense plus déjà.

*Silence.*
*Apparaît Nathan, un panier de courses à la main d'où dépassent carottes et tiges de poireaux. Il s'arrête et marque un léger temps, surpris.*

NATHAN. Tu es revenue ?

ÉLISA. Ma voiture est tombée en panne. On doit venir la dépanner vers six heures... Tu ne l'as pas vue ?

NATHAN. Je n'ai pas pris cette route, je reviens de Dampierre. Qu'est-ce qu'elle a ?

ÉLISA. À moi tu demandes ?!

NATHAN. Tu veux que je jette un coup d'œil ?

ÉLISA. Tu t'y connais ?

NATHAN. Non. Rien du tout.

ÉLISA. L'épicier dit que c'est la boîte automatique.

NATHAN *(avec un sourire)*. Monsieur Vacher est un expert !... J'ai apporté de quoi faire un immense pot-au-feu, vous m'accompagnez les femmes ?

*Elles partent en suivant Nathan.*
*Noir.*

6

*La terrasse.*
*Apparaît Nathan, aussitôt suivi par Édith, Julienne et Élisa. Il pose le panier et déballe le contenu sur la table.*

NATHAN. Poireaux, carottes, macreuse et os à moelle, persil, tomates...

ÉDITH. On ne met pas de tomates dans le pot-au-feu.

NATHAN. On en mettra pour une fois..., cornichons, pommes de terre et... navets ! C'est bien ? Vous restez dîner j'espère ?

JULIENNE. Très volontiers, si Pierre ne voit pas d'inconvénients.

NATHAN. Où est-il ?

JULIENNE. Quelque part avec votre frère, je suppose. Je peux éplucher les légumes si vous voulez ?

NATHAN. On peut les éplucher ici tous ensemble, non ? Profitons du soleil.

ÉDITH. Je vais mettre la viande. J'apporte des couteaux.

*Elle sort en emportant la viande, le persil et la boîte de cornichons.*

NATHAN *(à Élisa)*. Tu restes ?

ÉLISA. Non...

NATHAN. Ne sois pas bête, comment tu vas repartir ?

ÉLISA. Je ne sais pas. Si la voiture est vraiment foutue, je prendrai le train. Il doit bien avoir un train à Gien.

JULIENNE. Restez, nous vous ramènerons.

ÉLISA. Je ne crois pas, merci...

NATHAN. Tu nous aides à éplucher quand même ?

ÉLISA *(elle sourit)*. Oui, bien sûr... Tu as acheté pour un régiment.

NATHAN. Je n'ai aucune idée des proportions... J'ai demandé à la bonne femme de me donner tout ce qu'il fallait pour un pot-au-feu, c'est elle qui a mis les tomates. On ne met pas de tomates dans un pot-au-feu ?

ÉLISA. En principe non.

JULIENNE. On fera une petite salade, c'est agréable.

NATHAN. Voilà.

*Édith arrive avec du papier journal, des couteaux, un égouttoir et deux saladiers. Elle pose le tout sur la table à côté des légumes.*

ÉDITH. Je mets l'eau à bouillir, je reviens.

*Elle repart.*
*Élisa, Nathan et Julienne disposent le papier sur la table, s'assoient, et commencent à éplucher.*

JULIENNE. Vous n'avez pas d'éplucheur ? Remarquez, c'est aussi vite fait avec un couteau normal.

NATHAN. Vous voulez que j'aille voir ?

JULIENNE. Non, non, ne vous dérangez pas. C'est une petite maniaquerie, je me débrouille parfaitement.

*Apparaît Pierre, suivi d'Alex.*

PIERRE. Que vois-je ! Que vois-je !

JULIENNE. Tu viens nous aider mon chéri ?

PIERRE. Est-ce bien raisonnable ?

ALEX. Qu'est-ce que c'est ?

NATHAN. Un pot-au-feu.

*Pierre s'assoit à la table. Alex reste debout, immobile.*

PIERRE *(à Élisa)*. Je suis un assassin dans ce genre d'activité. Je scalpe !

ALEX *(à Élisa)*. Ta voiture est cassée ?

ÉLISA. Oui...

ALEX. Tu as appelé un garagiste ?

ÉLISA. Oui... On doit venir la chercher vers six heures.

ALEX. Qu'est-ce qu'elle a ?

NATHAN. Monsieur Vacher dit que c'est la boîte automatique !

ALEX. Ah bon !... Tu as une « automatique » ?

ÉLISA *(elle sourit)*. Oui...

ALEX. C'est bien... C'est pratique en ville, hmm ?

ÉLISA. Oui...

ALEX. C'est pratique. C'est bien... *(Un temps.)*... Et où est Édith ?

NATHAN. Dans la cuisine. Elle arrive.

ALEX. Bon, ben... épluchons !...

*Il s'assoit à la table et se saisit d'un navet.*
*Silence. Arrive Édith.*

ÉDITH. Ah, vous êtes tous là ?

PIERRE. Personnellement je ne fais que surveiller !

ÉDITH. Tu me fais une petite place à côté de toi, au soleil ?

PIERRE. Viens, viens, viens !

JULIENNE. Je me répète depuis ce matin, mais en tout état de cause je n'ai jamais vu un temps pareil en novembre !

ALEX. Ce navet est pourri.

JULIENNE. Je dois avouer que les navets ne sont pas de la meilleure qualité. *(À Nathan.)* Vous n'y êtes pour rien !

NATHAN. Il est certain que je ne me sens pas vraiment responsable.

JULIENNE. En tout cas vous faites ça comme un vrai professionnel !

NATHAN. Vous trouvez ?

ALEX. Mon frère est un grand professionnel, Julienne. En toute chose et en toute matière. Il est ce que j'appellerais le type même du professionnel.

NATHAN. Ce qui n'est pas un compliment, vous l'avez compris.

ALEX. Pourquoi ? C'est un compliment... *(Il prend un deuxième navet.)* Il n'y a que les mots qui changent, avec le temps... Quand j'étais enfant, tous mes héros avaient le visage de Nathan. Sindbad, D'Artagnan, Tom Sawyer mon préféré, c'était Nathan... Nathan le radieux, l'invincible, l'exemplaire parmi tous les modèles... Pourri aussi. Décidément !... *(Il jette le navet et prend une pomme de terre.)* Vous savez qu'à l'âge de dix ans, il donnait des concerts de piano. Dans le salon. Toute la famille écoutait religieusement.

JULIENNE. Vous jouez toujours ?

NATHAN. Je joue encore, mais je ne donne plus de récitals !

ALEX. Eh oui !... C'est dommage... J'ai joué de la flûte à une époque...

*Rires.*

ALEX. Non, non, c'est vrai ! De la « kéna »... Une sorte de bambou creux, avec des trous, que j'avais acheté dans le métro. C'était mon époque cordillère des Andes et bonnet de lama.

ÉDITH. Je ne me souviens pas de t'avoir entendu.

ALEX. Ah oui ? Moi non plus, remarque. Je n'ai jamais réussi à sortir un son.

PIERRE. C'est ce que tu appelles jouer de la flûte.

ALEX. Sans problème. Tu mets un disque, genre Machucambos, et tu joues avec eux, devant la glace...

NATHAN. En poncho rouge...

ALEX. Oui, et avec la petite cagoule qui m'allait très bien... Papa a dirigé les plus grands orchestres du monde comme ça.

ÉLISA. En poncho ?

ALEX. Non. En pyjama... Dites-moi, ça rétrécit les légumes dans le bouillon ? On en a pour six mois, là !

ÉDITH. On n'est pas obligé de tout mettre.

ALEX. Vous restez dîner ? Enfin je veux dire, vous restez cette nuit ?

PIERRE. Si tout le monde est d'accord, j'aime autant partir demain matin.

ÉDITH. Ta chambre est faite, tu peux même rester jusqu'à lundi.

PIERRE. Non, non...

JULIENNE. Je n'ai apporté ni brosse à dents ni chemise de nuit.

PIERRE. Chic alors !

JULIENNE. Écoute !...

NATHAN. Vous trouverez tout ce que vous voulez ici.

JULIENNE. Merci beaucoup.

ÉLISA. Il faudrait que je téléphone à la gare de Gien.

ÉDITH. On est samedi... Tu as un train à huit heures.

NATHAN. Je t'accompagnerai.

ÉLISA. Merci...

ÉDITH. Stop ! Ça suffit, c'est pas la peine d'éplucher le reste, je ne saurai plus quoi en faire sinon.

*Elle se lève et entreprend de débarrasser. Élisa, Julienne et Pierre l'imitent. Nathan quitte la table et s'écarte pour allumer une cigarette. Seul Alex reste assis.*

JULIENNE *(à Nathan)*. Vous savez ce que vous avez oublié ? Mais ça n'a aucune importance : un oignon !

NATHAN. Ah oui, désolé.

JULIENNE. Je vous taquine, mais ça donne un petit goût !

NATHAN. Oui, oui.

*Va-et-vient. Ils disparaissent, emportant légumes et épluchures dans la maison. Restent Alex et Nathan. Un temps.*

ALEX..... « Ça donne un petit goût ! »

*Édith reparaît pour prendre les derniers saladiers.*

NATHAN. Vous n'avez plus besoin de moi ?

ÉDITH. Non, non il n'y a rien à faire...

*Elle saisit le couteau et la pomme de terre qu'Alex triture encore, puis sort. Nathan s'éloigne dans le jardin. Alex est seul. Noir.*

## 7

*L'endroit où le père est enterré.*
*Nathan est immobile, les mains dans les poches. Par*
*terre il y a les tiges de chardons, et plus loin le séca-*
*teur.*
*Silence.*
*Sans bruit, et comme n'osant pas s'approcher, appa-*
*raît Élisa. Un long temps avant de parler.*

NATHAN. Il y a deux semaines, je suis allé dans sa
chambre, il ne pouvait plus se lever... Il m'a demandé
de lui apporter l'électrophone, et les haut-parleurs,
c'était son expression... J'ai tout branché à côté de
son lit. Il voulait écouter l'Arioso de l'*opus* 110,
l'avant-dernière sonate de Beethoven, uniquement ce
passage... Nous avons écouté en silence, il avait mis
son doigt comme ça, pour éviter que je parle. J'étais
assis sur le lit. Il y a une fugue au milieu, et puis le
thème reprend... Quand le disque s'est arrêté, il m'a
dit : « Je suis convaincu que nous nous rencontre-
rons. » J'ai demandé : « Qui ? » « Beethoven, le génie
exemplaire... Un homme qui vous fait cadeau de
cette intuition, tu ne penses pas qu'il est mort tout
de même ! » Contrairement à Alex, je suis très heureux qu'il soit enterré là.

*Silence.*

ÉLISA. Qui a décidé ?

NATHAN. Lui-même. Il ne voulait pas de cimetière,
pas d'enterrement... Depuis sa retraite, il habitait là.

ÉLISA. Même quand il était malade ?

NATHAN. Oui. Il y avait une infirmière à plein temps.

*Un temps.*

ÉLISA. Et Alex ?

NATHAN. Alex ?...

ÉLISA. Avec lui ?

NATHAN. Il venait le voir... Souvent à contretemps le pauvre. Il apportait des livres quand papa était incapable de lire, et il s'est installé ici dans les derniers jours, quand l'autre ne reconnaissait plus personne... Tu as changé.

ÉLISA. J'ai vieilli.

NATHAN. Non. Oui, peut-être.

*Silence.*

ÉLISA. Tu es toujours à Nanterre ?

NATHAN. Non. Je me suis inscrit au Barreau de Paris.

ÉLISA. Ah bon...

*Un temps.*

NATHAN. Et toi ?

ÉLISA. Rien de spécial...

NATHAN. C'est-à-dire ?

ÉLISA. Rien... Ma vie est inchangée.

*Un temps.*

NATHAN. Tu habites toujours au bout du monde ?

ÉLISA. Oui.

NATHAN. Rue Saint-Bernard.

ÉLISA. Oui.

NATHAN. C'est bien...

*Élisa sourit.*

NATHAN. C'est gentil ce que tu m'as dit tout à l'heure.

ÉLISA. Merci pour le mot...

NATHAN. Qu'est-ce que tu veux que je dise ?

ÉLISA. Rien...

NATHAN. Ta voiture est tombée en panne comme dans un roman.

ÉLISA. Je te jure que c'est vrai.

NATHAN. Mais je te crois. À mon avis, c'est lui, du haut du ciel qui s'est arrangé pour trafiquer un peu dans le moteur.

ÉLISA. Ne dis pas de conneries.

NATHAN. Pas du tout. Il a fait ça pour me faire plaisir...

*Un temps.*

ÉLISA. Ça te fait plaisir que je sois là ?

NATHAN. À ton avis ?... Alex a oublié le sécateur...

*Silence. Nathan ramasse le sécateur et le met dans sa poche.*

NATHAN. Pourquoi tu es venue ?

ÉLISA. Maintenant ?

NATHAN. Aujourd'hui.

ÉLISA. Demande-moi plutôt comment j'ai eu la force de venir... Je n'ai jamais rien fait d'aussi contraire à la raison.

*Silence.*

ÉLISA. Tu veux que je te laisse ?

NATHAN. Non. Je n'ai pas envie que tu me laisses... *(Un temps.)* Tu es plus interdite que jamais, Élisa. Mais aujourd'hui je n'ai pas envie que tu me laisses... *(Un temps.)* Tu sais à quoi je pense ? Un acte aussi contraire à la raison... Que j'ai envie de te prendre. Là. Sur sa tombe... Chasser une douleur par une autre.

*Elle s'approche tout près de lui.*

ÉLISA. Je veux bien être ta douleur, Nathan...

*Il l'embrasse avec passion, et commence à la déshabiller.*
*Noir.*

## 8

*La terrasse.*
*Alex, toujours à la table. Apparaît Julienne, très pressée.*

JULIENNE. Où est Élisa ?

ALEX. Elle se tape mon frère.

JULIENNE. Pardon ? !

ALEX. Elle est en train de se taper mon frère.

JULIENNE. Je ne comprends pas !

ALEX. Mais si Julienne, vous avez très bien compris. Vous n'êtes pas sourde ?

JULIENNE. Mais où ? !

ALEX. Ah ! Ah ! Ah !... J'adore cette question ! Ah ! Ah !... Vous êtes très rapide, quand même !

JULIENNE. Ce n'est pas ce que j'ai voulu dire !... Je voulais dire que vous êtes là... étant donné que vous êtes là, et que moi je sors de la maison... oh zut !

*Elle part, très émue. Arrive Édith.*

ÉDITH. Où est Élisa ?

ALEX. Aucune idée.

ÉDITH. Tu ne l'as pas vue sortir ?

ALEX. Si, elle est partie par là...

ÉDITH. Pierre est au téléphone avec le garagiste, il ne peut pas venir avant lundi matin !

*Alex hausse les épaules.*

ÉDITH. Qu'est-ce qu'on fait ?

ALEX. Appelez quelqu'un d'autre...

ÉDITH. C'était le seul qui pouvait. De toute façon, personne ne fera de réparations un dimanche !... Qu'est-ce qu'on fait ? On dit d'accord pour lundi ? Et si on s'en va demain soir, à qui on laissera les clés ?

ALEX. Faites ce que vous voulez, je m'en fous totalement.

ÉDITH. On peut les laisser à Vacher, il sait où est la voiture. Il n'est pas fermé le lundi matin ?

ALEX. J'en sais rien. Je m'en fous.

ÉDITH. Merci pour ton aide...

*Elle repart.*

ALEX. Elle peut bien se démerder toute seule, non ? !... Elle nous fait chier avec sa bagnole pourrie !!!

*Il reste un moment assis, seul. Puis se lève, tourne en rond et fait quelques pas en direction du bois.*
*Apparaît Pierre.*

PIERRE. Où vas-tu ?

ALEX. Hein ? !

PIERRE. Il va pleuvoir.

ALEX. Tu crois ? Oui...

PIERRE. Le temps est orageux. C'est pour ça qu'il a fait si chaud.

ALEX. Oui...

*Un temps.*

PIERRE. Tu veux un petit cigarillo ?

ALEX. Tu fumes des cigarillos ?

PIERRE. Une fois tous les six mois... *(Il tend la boîte à Alex qui se sert.)* Cadeau de ma concierge. Cigarillos espagnols. Tu aimes ? *(Alex tousse.)* Fort, hein ?

ALEX *(tousse et rit).* C'est dégueulasse !

PIERRE. Oui.

ALEX. On dirait du...

PIERRE. Du pont-l'évêque. Ça a un goût de pont-l'évêque... On s'habitue remarque...

ALEX. Vous partez quand ?

PIERRE. Demain matin. Ça t'ennuie ?

ALEX. Non, non... Est-ce que tu connais une chose plus sinistre que la campagne en automne ?... Le silence... Rien ne bouge... Je hais la campagne... Si ça ne tenait qu'à moi, je vendrais tout... Demain.

*Il se déplace en fumant son cigarillo. Pierre reste immobile.*

ALEX. Nathan adore la campagne...

PIERRE. Tu es très injuste avec Nathan.

ALEX. Pourquoi ? Parce que je dis qu'il aime la campagne ?

PIERRE. Entre autres...

ALEX. C'est un défaut d'après toi ?

PIERRE. D'après moi, non.

ALEX. Nathan se promène, il marche tout seul pendant des heures... *(Un temps.)* Il médite, parmi les arbres...

PIERRE. Tandis que tu t'époumones dans l'agitation confuse de la vie...

*Alex sourit. Léger temps.*

PIERRE. Tout ce que tu fais mal, il le fait bien... Tout ce que tu n'aimes pas, lui s'en contente... À t'entendre, c'est l'être le plus respectable de la terre, et le plus inhumain...

ALEX. Inhumain ? Non...

PIERRE. Si. Talentueux, profond, inaltérable... Toutes tes louanges de serpent à sonnette... Personne ne résiste à ça, crois-moi.

ALEX *(après un temps, et comme reprenant son souffle).* Tu es très en verve Pierrot, mais tu ne te rends pas bien compte de ce que tu dis...

PIERRE. Comme d'habitude, tu sais bien... Tu as froid ?

ALEX. Je gèle.

PIERRE. Tu veux rentrer ?

ALEX. Non.

*Silence.*

ALEX. Il y a trois ans, Élisa m'a quitté. Tout le monde m'a pris pour un con à l'époque. Un con aveugle. Lui a fait en sorte de ne jamais la revoir. Par amitié pour moi, je suppose... Il s'est mis à l'écart... comme il a renoncé à la musique, comme il a renoncé à son éclat, à la folie qu'il avait, à son héroïsme... Je n'ai sûrement jamais aimé quelqu'un plus que lui. Si Nathan mourait, tu ne peux pas imaginer ce que serait ma solitude... Peut-être la sienne aujourd'hui... Encore une fois il ne dit rien. Il part faire des courses pour le dîner... Il revient avec une tonne de légumes, et tout le monde épluche, au soleil à cause de lui, uniquement à cause de lui...

*Apparaît Édith. Silence.*

ALEX. Ça va ?

ÉDITH. Oui... *(Un temps.)* Vous parliez de qui ?

PIERRE. De Nathan.

ÉDITH. Qu'est-ce que vous disiez ?

ALEX. Toi aussi tu aimes la campagne ?

ÉDITH. Quelle drôle de question !

ALEX. Tu ne trouves pas ça sinistre ?

ÉDITH. Aujourd'hui, peut-être.

PIERRE. Avec cette lumière soudaine...

81

ÉDITH. Il va pleuvoir.

PIERRE. C'est exactement ce que nous disions.

ÉDITH. Sois gentil, évite de me prendre pour une imbécile.

PIERRE. Mais quoi ? C'est vrai. C'est exactement ce que nous disions.

*Un temps.*

ALEX. Vous avez réglé cette histoire de voiture ?

PIERRE. Oui... J'ai dit au type de venir la chercher lundi. Que fait ma femme ?

ÉDITH. Elle regarde la télévision.

PIERRE. Qu'est-ce qu'on donne ?

ÉDITH. Je ne sais pas. Des variétés, je ne sais pas...

PIERRE. Bon... Je ne savais même pas que vous aviez la télé ici, c'est nouveau ?

ÉDITH. Depuis un an à peu près... On l'a fait installer pour papa.

PIERRE. Ah oui, bien sûr...

*Silence.*

ÉDITH. J'ai tout mis à cuire finalement. J'ai tout mis dans trois marmites, on mangera les restes demain... Je peux avoir un petit cigare ?

ALEX. Je te le déconseille.

ÉDITH. Pourquoi ?

PIERRE. Ne l'écoute pas. *(Il tend la boîte à Édith.)* Tiens.

ÉDITH. Ils sont pas bons ?

ALEX. Ils sont « hors du commun »...

ÉDITH *(elle fume)*. Ça ne me dérange pas.

*Ils la regardent fumer.*

82

ÉDITH. Ne me regardez pas comme ça ! *(Elle rit.)* J'ai l'impression que vous m'avez donné du poison et que vous attendez que je meure !

ALEX. Tu n'es pas très loin...

*Apparaît Nathan, suivi d'Élisa. Il tient le sécateur et les tiges de chardons coupées par Alex.*
*Silence.*

ALEX. Bonne promenade ?

NATHAN. C'est toi qui as coupé ça ?

ALEX. J'aurais pu les laisser intentionnellement...

NATHAN. Le sécateur aussi ?... Dans le doute, j'ai tout pris.

*Léger temps.*

ALEX *(à Élisa)*. Vous étiez ensemble ?

NATHAN. Oui. Pourquoi ?

ALEX. On peut poser une question. Pourquoi « pourquoi » ?

PIERRE *(à Élisa)*. J'ai eu votre dépanneur au téléphone.

ÉLISA. Quelle heure est-il ?

PIERRE. Rassurez-vous, enfin rassurez-vous !, il ne peut pas venir ce soir. Nous avons convenu lundi matin.

ÉDITH. Comme personne ne sera là, j'ai dit qu'on laisserait les clés chez l'épicier... Si tu vois une autre solution ?

ÉLISA. Je suis désolée de vous ennuyer avec cette histoire...

PIERRE. C'est pour vous que c'est ennuyeux ! Sans compter que vous devrez revenir la chercher.

ÉLISA. Oui.

PIERRE. Espérons que ce ne soit pas trop grave.

ÉLISA. Oui...

ALEX. Elle est ailleurs...

ÉLISA. Quoi ? !

ALEX. Tu es ailleurs, Élisa... Je me trompe ?

NATHAN. Nous sommes tous ailleurs aujourd'hui. Non ?

ALEX. Certes !

NATHAN. Il y a des moments où on se fout d'une histoire de voiture...

ALEX. Ah, personnellement je m'en fous éperdument !

NATHAN. Eh bien, elle aussi.

ALEX. Eh bien tant mieux !... *(Un temps.)* Ce qui est très gentil pour Pierre et Édith !

ÉDITH *(à Élisa)*. Ne l'écoute pas.

ÉLISA. Ils parlent pour moi, je n'ai rien dit...

NATHAN. Que devient mon pot-au-feu ?

ÉDITH. Il cuit.

NATHAN. Il va pleuvoir...

ÉLISA *(à Pierre)*. Où est votre femme ?

PIERRE. À l'intérieur. Elle regarde la télévision.

NATHAN. Si nous allions la rejoindre ?

PIERRE. Excellente idée. À condition qu'on ferme le poste... *(À Élisa.)* Vous m'accompagnez ?

*Élisa s'avance vers Pierre qui l'entraîne vers la maison. Nathan s'apprête à les suivre quand Édith l'arrête.*

ÉDITH. Tu peux rester une minute ? J'ai quelque chose à te dire...

ALEX. Je gêne ?

ÉDITH. Oui, s'il te plaît, je n'en ai pas pour longtemps.

*Alex hésite. Il fait quelques pas, puis se retourne.*

ALEX *(à Édith).* À propos... J'ai appris quelque chose sur papa tout à l'heure, je pense que ça t'amuserait de le savoir aussi...

ÉDITH. Quoi ?

ALEX. Tu lui demanderas...

*Il s'approche de Nathan et lui glisse un mot à l'oreille. Nathan sourit.*

ALEX *(à Édith).* Chacun ses secrets... *(il recule).* Je suis dans ma chambre. Si quelqu'un a besoin de moi.

NATHAN *(arborant les chardons).* Qu'est-ce que je fais avec ça ?

ALEX. Jette-les.

*Il disparaît. Édith et Nathan restent seuls.*

ÉDITH. Dis-moi.

NATHAN. Toi d'abord...

ÉDITH. Il pleut...

NATHAN. Non...

ÉDITH. Si, j'ai reçu une goutte... Tu m'aides à ranger les chaises ?

NATHAN. Qu'est-ce qu'il y a ?

*Un temps.*

ÉDITH. Tu étais avec Élisa ?

NATHAN. Oui.

ÉDITH. Elle est allée te rejoindre ?

NATHAN. Oui !

ÉDITH. Alex a dit à Julienne que tu te tapais Élisa. Je cite mot pour mot...

NATHAN. C'est ça que tu voulais me dire ?

ÉDITH. Oui.

NATHAN. Et alors ?

ÉDITH. Comment, et alors ?

NATHAN. Et alors ?

ÉDITH. Et alors, tu trouves ça normal !

NATHAN. Normal quoi ? C'est la phrase qui te gêne, ou l'idée qu'elle implique ?

ÉDITH. Tu es monstrueux...

NATHAN. Écoute-moi Édith, jusqu'à présent cette journée se déroule sans bouleversements, si je puis dire... Arrête avec ces chaises !... Nous sommes des gens civilisés, nous souffrons avec des règles, chacun retient son souffle, pas de tragédie... Pourquoi au fond ? Je n'en sais rien, mais c'est comme ça. Toi et moi, nous participons à cet effort de dignité... Nous sommes discrets, « élégants », nous sommes parfaits... Alex n'est pas moins civilisé, mais son orgueil est ailleurs... Ailleurs.

ÉDITH. Pourquoi tu le défends ?

NATHAN. Je ne le défends pas... Qu'il aille dire à cette pauvre Julienne que je me tape Élisa, ça fait partie de sa nature, mais que toi tu me le répètes en aparté comme à l'école, comme une gamine, que ce soit un souci pour toi, aujourd'hui, je ne comprends pas.

*Silence.*

ÉDITH. Je te l'ai répété pour que tu saches quel était l'état d'esprit d'Alex... Elle est folle d'être venue aujourd'hui.

NATHAN. Non.

ÉDITH. Si.

NATHAN. Mais non. Tu me l'as répété par curiosité. Parce que tu avais un doute... *(Il s'approche d'elle et la prend dans ses bras.)... Hein ?... (Il l'embrasse et lui caresse tendrement les cheveux.)*

ÉDITH. Tu l'aimes encore ?

NATHAN. C'est ça que tu voulais me dire.

*Édith s'écarte. Elle regarde autour d'elle, désorientée. Le temps a changé. Tout est gris.*

NATHAN. On rentre ?

ÉDITH. Tu me dis pour papa ?...

NATHAN *(il hésite avant de parler)*. Tu te souviens de Madame Natti ?

ÉDITH. La pédicure ?

NATHAN. Oui...

ÉDITH. Et alors ?

NATHAN. Eh bien, il se trouve que les séances de pédicure de papa n'étaient peut-être... simple supposition... pas uniquement des séances de pédicure... Tu vois malgré tout, on ne change pas beaucoup de sujet.

ÉDITH. Papa... ? !

NATHAN. Papa.

ÉDITH. Avec cette femme...

NATHAN. Mignonne...

ÉDITH. Elle avait trente ans de moins...

NATHAN. Comme quoi, il se débrouillait pas si mal...

ÉDITH. Tu le savais toi ?

NATHAN. Plus ou moins.

ÉDITH. Il te l'a dit ?

NATHAN. Non... Un jour, j'étais chez lui, rue Pierre-Demours, Madame Natti est arrivée, elle a installé sa petite cuvette, ses ciseaux... moi je suis parti. J'avais oublié mes lunettes, je suis revenu dix minutes plus tard... J'ai sonné, sonné, finalement papa est venu m'ouvrir légèrement échevelé, sanglé dans le ciré jaune, tu sais le ciré jaune de pêche qui pend dans l'entrée depuis cent ans, j'ai trouvé ça un peu surprenant comme tenue d'intérieur... Il m'a rendu les lunettes à travers la porte, sans me laisser rentrer...

ÉDITH. Tu n'as rien demandé ?

NATHAN. Si. Mes lunettes.

ÉDITH. Pourquoi tu nous as rien dit ?

*Geste évasif de Nathan. Un temps.*

ÉDITH. Le pauvre...

NATHAN. Le pauvre ?... Pourquoi ?

ÉDITH. Parce que.

*Ils restent un temps, immobiles tous les deux.*
*Noir.*


## 9


*Intérieur de la maison. Fauteuils, table basse. Petit buffet. Élisa, Julienne et Pierre sont assis.*

PIERRE. J'habitais un petit studio, rue Lepic. Je n'avais pas un sou à l'époque, mais j'avais une maîtresse très riche, c'était la femme d'un notaire de Dieppe mais qui avait aussi un bureau à Paris. Bref, le type voyageait souvent, et notamment une année, elle se trouve seule pendant la période de Noël. Moi je ne faisais rien de particulier, des bricoles, et elle me propose de partir pour Megève, une semaine. Voyage d'amoureux. D'accord. Elle me dit : « Voilà l'argent, tu achètes tout, billets de train, hôtel, etc. » Je prends l'argent et je vais dans une agence rue... rue je-ne-sais-plus-quoi, enfin pas loin de l'Opéra. Je réserve l'hôtel, je réserve les wagons-lits, je paie, et je sors...

*Apparaît Alex.*

ALEX. Continue !

PIERRE. Je raconte l'histoire de Paillot, tu la connais...

ALEX. Vas-y, vas-y...

*Tandis que Pierre poursuit, Alex reste debout.*

PIERRE. Et donc, où j'en étais ?... Oui, donc je sors. Je marche dans la rue et je vais prendre un autobus à l'Opéra. J'attends, et au moment où l'autobus arrive, qui je vois descendre ? Paillot ! Un vieux copain de classe que je revoyais de temps en temps, très drôle, très sympa — d'ailleurs c'est toujours un copain —, et complètement fauché !... Salut ! Ça va ? Et toi ? Il me demande ce que je fais, et je lui dis que je pars le lendemain pour Megève. Là-dessus heu... lui ne faisait rien, il n'avait pas tellement le moral, il me dit « C'est formidable Megève », et moi tout à coup je lui dis : « Mais tu sais... » et je sors l'enveloppe de l'agence... « J'ai tout là, tout ce qu'il faut pour deux, voyage, hôtel demi-pension, si tu es libre, on fiche le camp demain soir toi et moi ! » Il me regarde, il me dit « Et la fille ? » « T'inquiète, je la rappelle pas, ni vu ni connu, de toute façon elle m'emmerde. » Et nous sommes partis !

ALEX. Et la suite ?

PIERRE. Ben rien, la suite, Megève, la neige, formidable...

ALEX. Je croyais qu'elle t'avait poursuivi après pour que tu la rembourses...

PIERRE. Oui, enfin plus ou moins... J'ai jamais remboursé tu sais !

JULIENNE. C'est monstrueux ! Si tu crois nous faire rire avec cette histoire !

ALEX. Qu'est-ce qui est monstrueux ?

JULIENNE. Enfin je ne sais pas ! Tu aurais pu rembourser au moins !

PIERRE. Avec quoi ?

JULIENNE. Quand je pense à cette pauvre femme qui est restée toute seule à Paris ! *(Elle rit.)*

PIERRE. Tu vois, tu ris.

JULIENNE. J'ai tort.

PIERRE. Vous êtes choquée Élisa ?

ÉLISA. Moi, pas du tout ! Je trouve cette histoire très drôle. Mais Julienne aussi, la preuve.

JULIENNE. Non ce qui me choque, c'est qu'il n'ait pas remboursé. Il aurait pu faire un cadeau... Ou envoyer des fleurs au moins ! Un gros bouquet !

PIERRE. J'ai failli lui envoyer une petite carte de là-bas remarque, j'aurais dû le faire.

JULIENNE. Ne te fais pas plus épouvantable que tu n'es... *(À Élisa.)* Il s'imagine vous plaire, le pauvre !

ALEX. Élisa est très sensible à ce genre d'humour. Élisa aime les hommes cyniques et sans moralité.

PIERRE. N'exagérons rien !

ALEX. Pas toi mon pauvre Pierrot, toi tu es un enfant de chœur. *(Il s'approche de la fenêtre imaginaire.)* Il pleut...

PIERRE. Ils sont toujours dehors ?

*Un temps.*

JULIENNE. C'est étrange, comme le temps a changé si vite !

ÉLISA. Oui...

ALEX. Vous avez déjà vu la carte du monde dessinée par les Soviétiques ? L'URSS est au centre, et nous en haut, dans un goulet comme un cul-de-basse-fosse... C'est intéressant !

PIERRE. On peut savoir pourquoi tu nous parles de ça tout à coup ?

ALEX. Parce que je regarde la campagne.

*Arrive Nathan, trempé.*

JULIENNE. Mon Dieu ! Vous avez pris l'averse !

NATHAN. C'est rien, c'est rien, ça fait du bien !

PIERRE. Et ta sœur ?

NATHAN. Elle est montée se changer.

PIERRE. Tu nous prends en plein cours de géographie !

ALEX. De philosophie...

PIERRE. De philosophie !

NATHAN. Je peux participer ?

*Alex sourit. Un temps.*

NATHAN. Bon... Eh bien tant pis !

ÉLISA. Tu devrais te changer, tu vas attraper froid.

NATHAN. Non, non, ça va sécher...

PIERRE. Je leur ai raconté l'histoire de Paillot !...

NATHAN *(à Julienne)*. Vous ne la connaissiez pas ?

JULIENNE. Non !

PIERRE. Elle est horrifiée.

JULIENNE. Mais absolument pas ! Je ne vois pas pourquoi je serais horrifiée, en tout état de cause !

NATHAN. Il fait nuit... C'est triste ici. Vous ne buvez rien ? Même pas du thé ?

*Apparaît Édith.*

ÉDITH. Je me suis changée, j'étais trempée...

ALEX. Et si on faisait un petit jeu pour égayer l'atmosphère ? Non ? Monopoly, Scrabble, il y a tout ce qu'il faut ici.

NATHAN. Dames, échecs...

ÉDITH. Vous n'allez pas jouer ? Personne n'a envie de jouer ici !

NATHAN. Cluedo...

ALEX. Cluedo ! Ah ! Ah ! Le jeu le plus con de la terre !... Comment tu te souviens de ce jeu ? !

NATHAN. Je crains que Julienne ne sache pas y jouer.

ALEX. Mais si, le colonel Moutarde...

NATHAN. Docteur Olive...

JULIENNE. Mademoiselle Pervenche...

ALEX. Ben voilà !

PIERRE. Tu connais ce jeu ?

JULIENNE. Évidemment. Vous me prenez pour une idiote, mais vous oubliez que je suis deux fois grand-mère !

NATHAN. Et vous jouez au Cluedo avec vos petits-enfants ?

JULIENNE. Au Cluedo, aux Mille-Bornes, à la crapette...

ÉDITH. Quel âge ont-ils ?

JULIENNE. Trois et sept ans. Naturellement je ne joue qu'avec le grand. Le petit commence à peine à parler. Il dit « papa », il dit... Ce qui ne signifie pas grand-chose d'ailleurs, car les enfants les plus... enfin je veux dire les enfants qui tardent sont souvent plus volubiles, en fin de compte !

ALEX. Vous avez dû parler assez tard, alors ?

ÉLISA. Alex !

ALEX. Quoi ? !... Qu'est-ce qu'il y a Élisa ?

ÉLISA. Rien...

ALEX. Si ! « Alex ! »... Qu'est-ce qu'il y a ?

*Silence.*

ÉLISA. Calme-toi...

ALEX. Je suis très calme. J'ai l'air énervé ?

ÉDITH. Bon, ça suffit maintenant...

ALEX. Quoi « ça suffit ! »? Qu'est-ce qu'il y a ! Vous me faites chier !

NATHAN. Tu as dû parler très tard toi aussi... Mais le résultat n'est pas très probant.

ALEX. En tout état de cause !... Oh Julienne, il faut absolument que vous m'expliquiez le sens de cette formule ! Vous l'employez souvent, vous m'avez contaminé d'ailleurs, mais je n'en saisis pas bien, comment dire, l'« étymologie »...

PIERRE. C'est dommage pour un critique littéraire.

ALEX. C'est pourquoi je dois absolument m'informer !

ÉLISA. Arrête, Alex...

ALEX. Tu veux que je m'arrête ?

ÉLISA. Oui.

ALEX. Alors je m'arrête.

*Un temps.*

ÉDITH. Va nous faire un café, puisque tu sais si bien le faire...

NATHAN. Une tisane plutôt !

ALEX. Une tisane ? Une petite tisane Julienne ? Je plaisantais. Je plaisantais ! Une petite tisane pour tout le monde ?

ÉDITH. Vas-y !

ALEX. J'y vais. *(Il part.)* J'y vais.

*Silence.*

NATHAN. Il plaisantait Julienne... Il ne faut pas le prendre au sérieux.

JULIENNE. Vous êtes gentil, mais je crois que votre frère n'a aucune sympathie pour moi.

ENSEMBLE. Mais non !

JULIENNE *(au bord des larmes)*. Si, si, mais ça n'a pas d'importance, ça n'a aucune importance...

ÉDITH. Julienne, il n'est pas dans son état normal aujourd'hui...

JULIENNE. Je sais, je sais bien ! Naturellement vous êtes tous très affectés aujourd'hui, et moi je suis là comme une... *(Elle pleure.)* Pierre a insisté pour que je vienne mais je suis comme une étrangère, je ne fais pas vraiment partie de la famille...

ÉLISA. S'il y a quelqu'un ici qui ne fait pas partie de la famille, c'est moi Julienne. Pas vous. Vous êtes leur tante, vous êtes tout à fait de la famille...

JULIENNE *(en pleurs)*. Il m'a dit des choses tout à l'heure... Comme si j'étais un animal...

NATHAN. Qu'est-ce qu'il vous a dit ?

JULIENNE. Rien... Pour se moquer de moi, uniquement... Ne le dites pas Édith, je vous en prie !

ÉDITH. Je vais le chercher.

*Elle sort.*

JULIENNE. Non ! Pourquoi elle va le chercher ? Laissez-le tranquille le pauvre...

PIERRE. Quelle journée mes enfants !

JULIENNE. Je suis désolée... Je suis désolée, je suis ridicule...

NATHAN. Vous n'avez aucune raison d'être désolée.

JULIENNE. Vous faites tous des efforts pour... Et moi je me mets à pleurer !... Comme une idiote... *(Elle sanglote.)* Tout ce que je trouve à faire !

*Édith revient, suivie d'Alex. Alex s'arrête sans parler devant Julienne.*

JULIENNE *(à Alex).* Vous n'y êtes pour rien... C'est fini. Je vous demande pardon à tous.

*Alex saisit le bras de Julienne pour qu'elle se lève. Lorsqu'elle est debout, il la prend dans ses bras, l'embrasse et la garde un temps serrée contre lui. Lorsqu'il la lâche, Julienne a le visage baigné de larmes.*
*Un temps.*

PIERRE *(à Alex).* Tu n'as pas un petit alcool, plutôt que ta tisane ?

ALEX. Si... Volontiers !...

ÉLISA. Je peux venir avec toi ?

ALEX. Nulle part, tout est là.

*Aidé par Nathan, il ouvre la porte du buffet et sort des bouteilles qu'il pose sur la table basse.*

NATHAN. Il n'y a que l'embarras du choix mes amis... Je vous conseille tout particulièrement la bouteille verte. De l'alcool d'artichaut hongrois...

PIERRE. C'est un digestif !

NATHAN. C'est tout ce que tu veux. Tu peux mettre de l'eau avec, des glaçons, tu peux empoisonner ta femme aussi !

PIERRE. Laisse-la souffler quand même !

NATHAN. Goûte, tu verras.

PIERRE. C'est mauvais ?

NATHAN. C'est un client qui m'a rapporté ça. Elle est là depuis quinze ans.

PIERRE. Sers-moi un whisky va !

NATHAN. Julienne ?

JULIENNE. Une goutte de porto...

*Alex la sert.*

JULIENNE. Merci. Stop. Vous êtes gentil.

NATHAN. Élisa ?

ÉLISA. Fais-moi goûter le truc hongrois.

PIERRE. Ah, j'en étais sûr ! J'étais sûr que quelqu'un en prendrait, et j'étais sûr que ce serait vous !

ÉLISA. Pourquoi, j'ai une tête à boire de l'alcool d'artichaut ?

PIERRE. Vous avez une tête de pionnière ! Des yeux surtout... Vous avez la prunelle aventureuse !

ÉDITH. Qu'est-ce que tu racontes !

PIERRE. Non. C'est vrai. Vous aimez prendre des risques. Vous n'aimez pas qu'on vous impose un mode de vie. Je me trompe ?

ÉLISA *(elle sourit)*. En l'occurrence, je n'ai pas le sentiment de prendre un très grand risque !

NATHAN *(il lui tend son verre)*. Ne parle pas trop vite...

ÉLISA *(elle lève son verre)*. On verra bien...

ÉDITH. Et moi, je ne suis pas censée boire ?

ALEX. Qu'est-ce que tu veux ?

ÉDITH. Du porto blanc. *(À Pierre.)* Tu bois comme ça ? Tu ne veux pas de glaçons ?

PIERRE. Non, non, ne te dérange pas. C'est parfait.

*Alex et Nathan remplissent leur propre verre. Élisa goûte l'alcool d'artichaut.*

96

NATHAN. Alors ?

ÉLISA. ... C'est doux, plein de nostalgie et de piment...
*(Elle termine son verre.)*

NATHAN. Encore ?

ÉLISA. Oui... Tu m'as donné un fond de verre.

*Il la sert à nouveau. Élisa sourit à Pierre.*
*Un temps.*
*Bruit de la pluie au-dehors.*

PIERRE. « Rien n'est plus doux au cœur plein de choses funèbres,
Et sur qui dès longtemps descendent les frimas,
Ô blafardes saisons, reines de nos climats,
Que l'aspect permanent de vos pâles ténèbres,
Si ce n'est, par un soir sans lune, deux à deux,
D'endormir la douleur sur un lit hasardeux. »

NATHAN. C'est de qui ?

PIERRE. « Brumes et pluies... » Devinez.

ÉDITH. De toi.

PIERRE. « Ô fins d'automne, hivers, printemps trempés de boue, Endormeuses saisons !... » Je suis très honoré ma chérie, mais c'est de Monsieur Charles Baudelaire !

NATHAN. Dites-moi Julienne, est-ce qu'il vous gratifie comme ça de petits poèmes, le soir venu ?

JULIENNE. De temps en temps. Ça lui arrive. Mais ce serait plutôt le matin d'ailleurs !

PIERRE. Le matin, Victor Hugo ! Le soir, Baudelaire, Apollinaire... Vous allez rater votre train Élisa.

NATHAN. On a largement le temps, le train est à huit heures.

ALEX *(à Élisa)*. Pourquoi tu rentres ?

ÉLISA. Parce que je ne vais pas dormir ici...

ALEX. Pourquoi ?

ÉLISA. Parce que...

ALEX. Parce que quoi ?

ÉLISA. Parce qu'il faut que je rentre...

ALEX. On t'attend ?

ÉLISA. Non...

ALEX. Alors ?

*Léger temps.*

ÉLISA *(elle sourit).* Si j'exagère avec l'alcool d'arti-chaut, je vais finir par rester !

ALEX. Tu veux rester ?

ÉLISA. Écoute Alex, j'ai décidé de partir, je prends le train de huit heures et voilà !

ALEX. Mais je ne comprends pas pourquoi tu veux partir... C'est à cause de moi ?

ÉLISA. Non...

ALEX *(à Pierre).* Vous pouvez la ramener demain matin ?

PIERRE. Bien sûr !

ALEX. Tu rentres avec eux demain matin, où est le problème ?

ÉLISA. Je ne comprends pas pourquoi tu insistes...

ALEX. Et si je te demande de rester ?

ÉLISA. Pourquoi ?

ALEX. Il faut une raison ?

ÉDITH. Laisse-la faire ce qu'elle veut, enfin ! Tu es d'une lourdeur !

ÉLISA. Merci Édith...

ALEX. C'est moi que tu devrais remercier. Ne confonds pas.

PIERRE. Et si vous la laissiez réfléchir cette petite ? *(À Élisa.)* Vous prendrez votre décision au dernier moment, comme le veut la sagesse !

ÉLISA. Je souscris à votre proposition...

PIERRE. Tu es bien silencieux, Nathan !

NATHAN. Le débat est clos, non ?

PIERRE. Je ne savais pas que ton père écrivait. Je saute du coq à l'âne, mais je ne savais pas que Simon écrivait. Ça a été une révélation pour moi ce matin, quand tu as lu ce texte...

NATHAN. Il écrivait dans sa jeunesse... Je ne crois pas qu'il ait persisté.

PIERRE. S'il y a bien un homme...

NATHAN. Que tu n'imaginais pas écrivant...

PIERRE. Oui ! C'est presque un contresens... Comment peut-on imaginer un esprit aussi fondamentalement abstrait que le sien, tourné vers les mathématiques, la musique, et s'adonnant à la littérature !

ALEX. Je ne vois pas ce qui est contradictoire.

PIERRE. Si ce n'est l'acte... L'engagement physique, l'engagement sentimental... Enfin je me comprends ! *(Il se penche et remet du whisky dans son verre.)* Ah, vieillesse ! On dit des âneries quand on est vieux !

JULIENNE. Vous ne pensez pas qu'on devrait jeter un coup d'œil sur le pot-au-feu, Édith ?

ÉDITH. Tout va bien. J'ai vérifié en revenant.

PIERRE *(à Alex)*. Voilà pourquoi il se désespérait que tu n'écrives pas...

ALEX. Eh bien tu vois, j'attendais cette conclusion depuis le début, et j'espérais néanmoins qu'elle n'arrive pas.

PIERRE. Raté !

ALEX. Raté, oui.

PIERRE. Excuse-moi ! Tout cela n'a aucune importance. C'est la mousson dehors.

ALEX. Je n'ai rien à dire. Je n'ai jamais rien eu à dire. Comment écrire lorsqu'on n'a strictement rien à dire ?

PIERRE. Je ne crois pas que tu n'aies rien à dire...

ALEX. Ah bon ?... Tu crois que j'ai quelque chose à dire ? Mais quoi ? Dis-moi quoi, on gagnera du temps.

PIERRE. Je suis fatigué mon vieux, tu sais. J'ai plus la force de jouer au con.

ALEX. Tu me dis que j'ai quelque chose à dire. Je te demande quoi ? Si tu sais mieux que moi ?

ÉDITH. Si tu n'as rien à dire, ferme-la ! Je ne vois pas pourquoi tu nous emmerdes !

ALEX. Et vlan !... Je ne te connaissais pas, ma douce Édith, ce langage...

ÉDITH. Eh bien maintenant tu le connais.

ALEX. Je le connais, oui... Tu as pris une décision Élisa ? C'est pas la peine de regarder Nathan. Il a envie que tu restes, certainement...

ÉDITH. Si elle reste, il faudrait allumer le poêle dans la chambre du bas, c'est un nid d'humidité.

NATHAN. Inutile. Franchement.

*Un temps.*

NATHAN. Si Élisa reste, elle n'ira pas dans cette chambre.

ÉDITH. Elle ira où, alors ? !

NATHAN. Elle ira dans la mienne.

100

ÉDITH. Et toi ?

NATHAN. Dans la mienne aussi, où veux-tu que j'aille ? En d'autres termes, nous passerons la nuit ensemble... Si Élisa reste !

*Silence.*

ÉDITH. J'ai l'impression de rêver... *(À Élisa.)* Qu'est-ce que tu fais ? ! Dis quelque chose !

*Silence.*

ÉDITH. Mais dis quelque chose ! Tout le monde décide pour toi, et toi tu es là comme un marbre ! Parle !

NATHAN. Je ne vois pas pourquoi tu te mets dans cet état...

ÉDITH. Je ne comprends plus rien ! J'ai l'impression de vivre dans un monde de fous !... Le jour de l'enterrement de papa ! *(Elle pleure.)*

NATHAN. Précisément.

ÉDITH. Quoi, précisément ?

NATHAN. Le jour de l'enterrement de papa...

ÉDITH. Il faut que tu couches avec cette putain ? !... Mais dis quelque chose Élisa ! Je t'en supplie, dis quelque chose !... Papa... Papa, viens !... J'ai envie de mourir...

JULIENNE *(elle l'entoure de son bras)*. Calmez-vous, Édith, calmez-vous...

ÉLISA. Alex, accompagne-moi à la gare, s'il te plaît.

ALEX. Tu as tort...

ÉLISA. S'il te plaît...

NATHAN. Moi, je t'accompagne.

ÉLISA. Allons-y...

*Elle se lève.*

ALEX. Attends ! *(Silence.)* Une minute ? J'ai un mot à te dire. Juste un mot... Enfin, un peu plus qu'un mot peut-être... *(Un temps.)* En ce jour de deuil... il manquait un événement... un acte, une parole... Dans cette pièce, il y a quelqu'un que je croyais définitivement absent... et qui vient de prouver le contraire... C'est tout. *(À Élisa.)* Maintenant, fais ce que tu veux.

ÉLISA. Tu es sûr que c'est tout ?

ALEX. Elle pleure... Tu pars... *(Il se tourne vers Nathan et le fixe.)* Moi par contre, j'éprouve une immense gratitude... C'est vraiment tout. *(À Pierre.)* Tu me donnes un cigare ?

*Pierre lui tend la boîte. Alex se sert.*

ÉDITH. Moi aussi, s'il te plaît...

ALEX. Tu vois, tes cigares finalement...

*Il allume le cigare d'Édith et rend la boîte à Pierre. Un temps.*

NATHAN *(à Élisa).* Je suis toujours à ta disposition...

ÉLISA. On y va.

*Elle se dirige vers Pierre et lui tend la main.*

ÉLISA. Au revoir...

PIERRE. Prenez un parapluie !

ÉLISA. Oui... Au revoir Julienne...

JULIENNE. Au revoir Elisa...

ÉLISA. J'avais un manteau ?...

ÉDITH. Il est pendu, dans l'armoire du vestibule...

*Élisa se penche, embrasse furtivement Édith, et se tourne pour partir.*

ALEX. Et moi, on ne me dit pas au revoir ?

ÉLISA. Au revoir...

*Édith attrape le bras d'Élisa.*

ÉDITH. Ne t'en va pas...

*Léger temps.*

ALEX. Allons-nous atteindre les sommets du ridicule ? *(À Élisa.)* Deux fausses sorties en une journée, c'est beaucoup tu sais !

ÉDITH. Ne t'en va pas, par pitié... Je n'ai pas la force de parler...

ÉLISA. Deux fois c'est beaucoup Édith, il a raison...

PIERRE. Vous n'êtes pas encore sortie de la pièce...

ALEX. Toi aussi, tu t'y mets !

PIERRE. Je n'interfère pas. Je commente...

ÉLISA *(à Alex)*. Aide-moi...

ALEX. je n'arrête pas... Je t'ai observée tu sais depuis ce matin. Je connais tout de toi, tes gestes, ton visage, ta façon de bouger, ta façon de parler... Je sais exactement comment tu vas sortir, comment tu vas fermer la porte, enfiler ton manteau... Dans la voiture, tu ne diras rien, tu allumeras une cigarette... tu feras semblant d'être triste... Et tout ça m'est égal, complètement égal... Je m'attendais à un bouleversement, si je t'avais revue en d'autres circonstances, j'aurais sûrement poursuivi une illusion... Allez, file !

*Élisa recule, elle dépasse Nathan et sort. Nathan s'apprête à la suivre, puis il s'arrête et se retourne vers Alex. Il cherche ses mots... Dans un geste d'impuissance, à la fin il sourit.*

NATHAN. Tu as pris un coup de vieux aujourd'hui... Méfie-toi !

*Alex sourit. Nathan sort.*
*Silence.*

*Alex fait quelques pas et va s'asseoir à la place d'Élisa.*

ALEX. Alors le philosophe ? On ne dit rien ?

PIERRE. C'est moi le philosophe ?

ALEX. Pierrot le philosophe... *(À Édith.)* Ne pleure plus. Mouche-toi va, c'est fini.

ÉDITH. J'ai tout brisé...

ALEX. Mais non...

ÉDITH. Si...

ALEX. Mais non !

*Silence.*

ALEX. Ça va Julienne ?

JULIENNE. Oui, oui...

ALEX. C'est pas drôle la famille, hein ?

JULIENNE. Écoutez Alex, je vous en prie, cessez de me parler comme si j'étais une arriérée mentale...

ALEX. Allons bon !

JULIENNE. C'est très désagréable, je vous assure.

ALEX. Vous considérez qu'ils ont eu raison de partir ?

JULIENNE. Quelle question !

ALEX. Il n'y a pas de piège. Je serais curieux d'avoir votre avis.

JULIENNE. Mais enfin, comment voulez-vous que je vous réponde moi ?

ALEX. La 504 est devant la grille, ils sont trempés... Élisa est furieuse, elle a les cheveux frisés quand il pleut... *(Un temps.)* Je me sens bien... Je me sens absolument vide, et bien.

*Silence.*

PIERRE. Vide... Oui.

ALEX. Vous vous êtes rencontrés où, tous les deux ?

PIERRE. Aïe, aïe, aïe... Où ça ?

*Julienne soupire.*

PIERRE. Par annonce.

JULIENNE. Jamais de la vie...

PIERRE. Sous les arcades du Palais-Royal...

JULIENNE. Chez des amis communs, tout bêtement.

ALEX. Coup de foudre ?...

PIERRE. Elle, oui.

JULIENNE. Tu es fatigant, tu sais.

*Un temps.*

PIERRE. Elle avait une capeline écossaise...

JULIENNE. Une capeline !

PIERRE. Comment dit-on ? Une cape ?

JULIENNE. Une cape ! Une capeline, c'est un chapeau idiot.

PIERRE. Alors une cape, et nous nous sommes effectivement promenés sous les arcades du Palais-Royal sans que je puisse une seule seconde lui prendre le bras, étant donné la forme du vêtement !...

JULIENNE. Tu pouvais très bien le faire, il suffisait que je sorte mon bras.

PIERRE. Mais tu ne l'as pas sorti...

*Silence.*

ALEX. Continuez... J'adore ces histoires.

PIERRE. Les petites friandises du souvenir...

ALEX. Encore... Faites-moi plaisir.

JULIENNE. Les petites friandises !... Lorsqu'il est en forme, enfin lorsqu'il est en forme, je veux dire lorsque le public est assez nombreux, et bien entendu acquis, il est capable des pires inventions à notre sujet. Je l'ai entendu raconter des histoires, qui n'avaient non seulement ni queue ni tête, mais qui en plus finissaient par nous ridiculiser.

PIERRE. Et tu sais ce qu'elle fait dans ces cas-là ? Elle dit « Mais non ! Mais qu'est-ce que tu racontes ! » De quoi j'ai l'air ?

JULIENNE. Absolument pas. Je ne dis rien du tout.

PIERRE. Tu prends une tête... c'est pire.

JULIENNE. Pas du tout.

*Silence.*

ALEX. Encore...

PIERRE. Encore ?

ALEX. Encore...

PIERRE. C'est le public qui manque, tu sais... *(Il sourit.)* Manque de spectateurs ! *(À Édith qui s'est levée.)* Où vas-tu ?

ÉDITH. À la cuisine. *(Elle sort.)*

PIERRE *(à Julienne)*. Va l'aider peut-être... Ne la laisse pas seule...

*Julienne se lève.*

JULIENNE. Votre frère doit revenir ?... Qu'est-ce qu'on va faire de tout ce pot-au-feu si nous ne sommes que quatre ?

PIERRE. On le donnera aux chats.

JULIENNE *(à Alex)*. Vous avez un chat ? !

PIERRE. Aux chats errants, qui traînent...

*Julienne sort.*

PIERRE. Elle ne supporte pas l'idée du gâchis. Elle n'est pas spécifiquement maîtresse de maison, mais l'idée du gâchis, c'est comme ça... Tu rêves ?

ALEX. Je rêve ?...

*On entend un bruit d'eau et de claquements réguliers. Alex est allongé dans le fauteuil, les yeux mi-clos.*

PIERRE. D'où vient ce bruit ?

ALEX. C'est la gouttière.

PIERRE. Ah...

ALEX. Je l'ai ficelée avec des torchons, j'ai manqué me tuer. Tu n'as pas vu ?

PIERRE. Si, si, j'ai vu.

*Silence.*

PIERRE. Ta sœur voit toujours le... je ne sais plus comment il s'appelle, le représentant de vin ?

ALEX. Jean Santini. Oui.

PIERRE. Corse ?

ALEX. Italien... D'origine.

PIERRE. J'avais un comptable qui s'appelait Santini. Lui était corse.

ALEX. Ah oui...

PIERRE. Archi-corse... Tu es sûr que celui-là n'est pas corse ?

ALEX. Sûr.

PIERRE. Alors ça continue... Je n'ai pas osé lui poser la question aujourd'hui, ça faisait un peu... Dis donc, elle est vraiment mal en point ta gouttière !

ALEX. J'aime bien... J'aime bien ce bruit.

PIERRE. Oui... Enfin...

*Silence.*

PIERRE. Ah, ce que c'est bon d'être vieux... Merde alors !

*Silence. Julienne revient.*

JULIENNE (*à Pierre à voix basse*). Elle pleure...

PIERRE (*après un temps*). Édith !

ALEX. Laisse-la... Il n'y a rien à faire...

JULIENNE. Elle a envie d'être seule... Il faut la laisser seule... Il n'y a pas d'autre lumière ici ? Pourquoi vous n'allumez pas cette lampe ? Elle marche ?

ALEX. Essayez...

*Julienne allume la lampe.*

JULIENNE. C'est mieux comme ça, non ?

PIERRE. Assieds-toi.

JULIENNE. Je vais débarrasser les verres.

PIERRE. On le fera tout à l'heure.

JULIENNE. Bon.

PIERRE. Il faut que tu t'agites, hein ?

JULIENNE. Non, non, je m'assois.

*Un temps.*

JULIENNE. Qu'est-ce qui tambourine dehors ?

PIERRE. La gouttière.

JULIENNE. La gouttière qui fait ce bruit-là ?

PIERRE. Oui.

*Un temps.*

JULIENNE. J'ai pris ce châle dans l'entrée, on ne peut pas dire qu'il soit très assorti... Tu ne trouves pas qu'il fait frais ? J'ai vérifié pourtant, les radiateurs sont allumés.

PIERRE. C'est l'humidité...

JULIENNE. Certainement oui. Les murs sont humides.

*Survient Édith, très agitée.*

ÉDITH. Il y a quelqu'un à la porte... Quelqu'un essaie d'entrer ! Vous entendez ? !

*Léger temps. Nathan et Élisa entrent dans la pièce.*

NATHAN. C'est nous... *(Un temps. À Élisa.)* Viens.

*Il la prend par le bras. Tous deux s'avancent.*

NATHAN *(à Édith)*. On a vu une ombre passer en fuyant dans le couloir. C'était toi ?

ÉDITH. J'ai entendu la serrure... j'ai cru que quelqu'un forçait la porte...

NATHAN. Elle n'était pas fermée à clé, on a juste ouvert.

ÉDITH. J'ai entendu du bruit.

*Léger temps.*

PIERRE. Vous êtes revenus... ou vous n'êtes pas partis ?

NATHAN. Nous sommes partis... et nous sommes revenus. *(À Élisa.)* Assieds-toi.

*Élisa s'assoit timidement.*
*Silence.*

JULIENNE. Elle est toute transie cette petite ! *(Elle se lève et tend le châle à Élisa.)* Tenez, enveloppez-vous là-dedans... Vous me pardonnez Édith, je l'ai trouvé dans l'entrée, je suppose qu'il est à vous ?

ÉDITH *(à Élisa)*. Tu as froid ? Tu veux un pull ? J'ai plein de choses là-haut.

ÉLISA. Non, non, pas du tout. Merci. C'est tout à fait suffisant.

*Elle met le châle sur ses épaules et sourit à Édith.*
*Édith lui sourit.*

ÉLISA. Ça sent bon quand on rentre...

ÉDITH. Oui ?

ÉLISA. Oh oui. Très bon...

*Un temps. Élisa regarde Alex.*

ÉLISA. Deux fausses sorties...

ALEX. En une journée... Pourquoi pas ?

*Silence.*

PIERRE. Alors vous êtes vraiment partis, et vous êtes revenus ? *(À Julienne.)* Quoi ? je ne pose pas de question !... Ma femme me désapprouve, mais je ne pose aucune question !

NATHAN. Nous avons quitté cette maison... Oui... Édith ?... Approche-toi... Qu'est-ce que tu fais là-bas ?... Nous avons traversé le jardin, sous la pluie... Nous sommes montés dans la voiture... j'ai mis le contact... j'ai mis les essuie-glaces... les phares... Élisa est restée silencieuse... Elle n'a pas allumé de cigarette, elle n'a pas fait semblant d'être triste non plus... Nous sommes restés sur place, une minute peut-être ?... Durant cette minute, il s'est passé une chose étrange, et soudaine... La gare de Gien que nous croyons à Gien, était là, devant la grille... L'horloge en haut du fronton marquait sept heures, nous avions une heure à perdre... *(Un temps. Il fait quelques pas, s'approche de la fenêtre... Puis se retourne.)* Il y avait toutes sortes de gens sur le parvis, des ombres avec des bagages, des silhouettes de chauffeurs, des taxis, des lumières d'hôtels, des bruits de cars qui freinent dans les flaques... J'ai dit à Élisa : « Rentrons dans un café... » Nous avons pris je ne me souviens plus quoi... Je lui ai raconté un souvenir qui date de trente ans dans cette même gare, elle m'a dit « J'ai horreur des gares »... Nous avons convenu que cette sensation d'être nulle part provenait du soir et de la province... Et pendant que nous parlions, l'horloge tournait, et l'heure s'est écoulée... Nous avons traversé la rue, nous nous sommes précipités au guichet pour acheter le billet... puis le quai, le coup de sifflet, le premier wagon dans lequel elle est montée... Il y a eu un bruit de portes, un bruit de ferraille, et le train est parti... Je l'ai vue disparaître dans la campagne, elle de sa fenêtre a vu la campagne se dissoudre... Et la gare aussi a disparu... J'ai fermé le contact, éteint les lumières, et nous avons fait le chemin en sens inverse, en courant...

*Silence.*

ALEX *(à Pierre).* Tu sais pourquoi je n'ai jamais écrit ?... À cause de ça justement... Ce genre de choses... La page est toujours restée vide à cet endroit... *(À Élisa.)* Vous êtes partis... Nous sommes restés là tous les quatre, assis là, entre ces quatre murs, moi là, à cette même place, je n'ai pas bougé... Et puis, il s'est passé une chose étrange aussi, très étrange... J'étais assis dans la 504 derrière, tu étais devant, Nathan conduisait, il avait mis les essuie-glaces double vitesse, de cela je me souviens parfaitement, les caoutchoucs sont foutus, ça fait du bruit quand ça racle... Nous avons traversé Dampierre, tu as mis une cassette... tu as mis une cassette et c'était un quintette de Schubert... Tu t'es retournée, tu m'as demandé si c'était trop fort et j'ai dit « Non, non, non, non... Ne change rien, surtout ne change rien ». Tu n'as rien changé et j'ai renversé ma tête, et j'ai vu les arbres, les lumières flottantes, les filets d'eau qui se fracassent sur les vitres, le regard de Nathan dans le rétroviseur, le regard souriant de Nathan, et la nuit... Le brouillard, et la nuit... Et j'étais comment dire, vidé, en apesanteur sur le siège arrière, confiant, protégé, inexprimablement bien... *(Un temps.)*... C'est exactement ça écrire, aller quelque part où on ne va pas... Et quoi qu'on fasse déjà, sur la page vide déjà, il y a le retour et la fin de l'aventure... À vingt ans, j'imaginais mon œuvre, sept volumes en papier bible, un monde de titans, fracassants, soulevés par la houle, happés par je ne sais quelle frénésie... Des êtres tumultueux, des êtres qui auraient été les aspirateurs du monde, avec tout en eux, tout le génie, la force et l'épuisement... J'avais ce genre de fulgurance à vingt ans... Et au lieu de tout cela, la garniture quotidienne, la petite blessure au centre du monde, le cours interminable des désirs, des pas, des gestes inutiles... Le labyrinthe des chemins inutiles... Et aussi la tendresse... la tendresse qui me fige... *(Un temps.)* Et le suprême pot-au-feu, qu'Édith nous a préparé, et que je vais saupoudrer de tous les aromates vivants de la cuisine !

ÉDITH. Essaie !

ALEX. Tu verras !

*Silence.*

ÉDITH. J'ai téléphoné à Jean tout à l'heure. Il vient.

ALEX. Monsieur Tsé-Tsé vient dîner ?

ÉDITH. Monsieur Tsé-Tsé vient dormir... Il ne sera pas là avant minuit...

PIERRE. « Par un soir sans lune, deux à deux... »

JULIENNE. Arrête Pierre. Tais-toi pour une fois.

*Un temps.*

ALEX. À table !

ÉLISA. Déjà ?

ALEX. Enfin tu veux dire !

*Noir.*

# LA TRAVERSÉE DE L'HIVER

# LA TRAVERSÉE DE L'HIVER
*de Yasmina Reza*

*a été créée le 6 octobre 1989 au Théâtre d'Orléans*
*par le CADO, Centre National de Créations*
*Orléans, Loiret, Région Centre*
*Direction : Jean-Claude Houdinière et Loïc Volard*

*Mise en scène :* Patrick Kerbrat
*Assistant :* Jacques Connort
*Décors :* Stefano Pieresi
*Assistant :* Édouard Laug
*Lumières :* Jacky Lautem
*Costumes :* Pascale Fournier
Décors construits par Christian Dubuis

*Distribution*

Avner : Pierre Vaneck
Emma : Lucienne Hamon
Suzanne : Martine Sarcey
Balint : Michel Voïta
Ariane : Mariane Epin
M. Blensk : Michel Robin

— *Pourquoi cours-tu tout le temps dans la forêt ?*
— *Je cherche Dieu, dit le petit garçon.*
— *Mais Dieu n'est-Il pas partout ?*
— *Oui, père.*
— *Et n'est-Il pas partout le même ?*
— *Oui... mais moi je ne suis pas le même partout.*

Récits hassidiques

*à Didier Martiny*

# PERSONNAGES

AVNER MILSTEIN, 57 ans
EMMA MILSTEIN, 60 ans, sœur d'Avner
SUZANNE, 55 ans
ARIANE, 30 ans, fille de Suzanne
BALINT, 35 ans
KURT BLENSK, 60 ans

*En 1985.*
*L'histoire se déroule à la montagne, en Suisse, dans un lieu*
*unique qui est le jardin d'un hôtel-pension à Stratten.*
*Le décor doit être le plus pur, le plus dépouillé possible.*
*L'espace qui entoure le lieu (ciel, hauteurs environnantes...)*
*est ce qui importe dans l'idée.*

**1**

*Fin d'après-midi de septembre. Beau temps.*
*Le jardin. Chaises longues, parasol. Vue sur les montagnes.*
*À droite, la véranda de l'hôtel, ouverte sur l'extérieur. (En fait il s'agit plutôt d'une terrasse couverte, en bois, séparée du jardin par une rampe et quelques marches.) Suzanne est allongée sur un transat, couverture sur les jambes, lunettes de soleil, livre à la main. Elle ne lit pas mais contemple le paysage.*
*Après un temps survient Emma, également lunettes et livre à la main. Elles se sourient.*

EMMA. Je mange tellement que je me mets à faire la sieste, à soixante ans !

*Emma prend une chaise longue, l'approche de l'autre, souffle un peu, arrange la hauteur, cale les pieds, et finalement s'installe.*
*Toutes deux regardent le paysage.*

SUZANNE. Un enchantement.

EMMA. Un enchantement.

*Un temps.*

SUZANNE. On dirait que tout a été nettoyé. Vous sentez l'herbe coupée ?

EMMA. En Roumanie, nous avions avant la guerre un chalet à Sinaia près de Brassov. De ma fenêtre j'avais une vue un peu comme celle-ci... Mon père nous faisait lever, Avner et moi, quelle que soit l'heure, pour respirer l'air d'après l'orage. À minuit, nous pouvions être sur la terrasse, en pyjama, en train de humer l'air d'après l'orage —

SUZANNE. À propos d'orage, hier soir finalement je ne suis pas montée me coucher. Nous nous sommes laissé embarquer dans un scrabble, Balint et moi contre les Blensk !

EMMA. Quelle épreuve !

SUZANNE. Kurt Blensk a commencé par un sept lettres, ensuite un mot connu de lui seul avec le « x », nous nous sommes mis à tricher — je suis damnée, moi, avec la pioche — et au moment où la chance nous souriait à nouveau, téléphone pour eux, cousine de Vevey décédée. Vous savez, ces gens qui ont une très grande famille, il y a toujours un mort !

*Emma rit de bon cœur.*

EMMA. Ils sont partis ? Je ne les ai pas vus ce matin au petit déjeuner.

SUZANNE. Elle est partie. Mais pas votre cher fiancé !

EMMA. Hélas — ! Que lisez-vous ?

SUZANNE. *La Pénombre des âmes*, des nouvelles d'Arthur Schnitzler. Ariane ne me donne toujours à lire que des choses effrayantes de tristesse.

*Elles mettent leurs lunettes et ouvrent leur livre.*
*Emma lit un livre américain de la collection* Double Day.
*Après un temps.*

EMMA. Quelle heure est-il ?

SUZANNE. Presque cinq heures. Votre frère ne va plus tarder. Où sont-ils allés déjà ?

EMMA. À Lieuseur.

SUZANNE. Mais c'est loin, ça.

EMMA. À qui le dites-vous !

SUZANNE. Pourquoi aller si loin, il n'y a pas assez de montagnes tout autour ?

EMMA. Ce qu'il y a de plus beau est loin. Paraît-il. Un de ces jours, Avner finira par marcher en Autriche.

SUZANNE. Alors qu'on est si bien sur une chaise longue.

EMMA. Est-ce qu'on ne profite pas autant de la nature ?

SUZANNE. Plus, je dirais même.

EMMA. Naturellement ! Avner ne comprend rien à ces choses-là. *(Léger temps.)* Hors saison. Voilà le secret. Il faut toujours venir hors saison. D'ailleurs septembre est dix fois plus beau et il n'y a pas un chat.

SUZANNE. Vous ne vous voyez jamais pendant l'année ?

EMMA. Rarement. Je ne suis jamais allée à Buenos Aires et Avner, en trente ans, a dû venir trois fois à Paris. Quand nous sommes revenus en Europe, mes parents se sont mis à passer leurs vacances dans cette région. Chaque année nous venions les voir. Avner et moi avons continué...

SUZANNE. Il n'a jamais emmené ses enfants ?

EMMA. Si, plusieurs fois quand ils étaient petits, avant son divorce. Mais le voyage coûtait cher, les garçons n'appréciaient pas spécialement la montagne, c'était plutôt un calvaire.

SUZANNE. Et sa femme ?

EMMA. Sa femme marchait, nageait, plongeait. Une forcenée du sport. Jouait au tennis, allait au sauna, une forcenée.

SUZANNE. Vous vous entendiez ?

EMMA. Oui. Je l'aimais bien. Elle était gaie. Contrairement à Avner qui veut imposer son rythme à tout le monde, elle ne faisait pas de prosélytisme.

*Silence.*
*Elles reprennent leur lecture.*

SUZANNE. Vous liriez, vous, un livre sur le premier âge du fer ?

EMMA. Dieu m'en garde.

SUZANNE. Qui peut lire une chose pareille ? Il a un éditeur d'après vous ?

EMMA. C'est une sorte de « thèse », je crois...

SUZANNE. Ah bon.

EMMA. Mais il compte bien en faire un livre —

SUZANNE *(elle hoche la tête, navrée)*. Pourtant il n'est pas antipathique, ce jeune homme...

EMMA. Si vous voulez mon avis —

SUZANNE. Je sais ce que vous allez me dire... Mais Ariane est tellement difficile ! Je n'étais pas si compliquée à son âge... Peut-être avais-je tort. *(À voix basse.)* En attendant, voilà votre prétendant.

*Elles se replongent toutes deux dans leur lecture.*
*Arrive Kurt Blensk.*

BLENSK. Mesdames...

*Elles sourient poliment.*
*Kurt Blensk s'empare d'une chaise de jardin et s'assoit.*
*Il les regarde à la dérobée, n'attendant manifestement qu'un signe pour se rapprocher. Emma finit par lever la tête, Kurt Blensk en profite pour faire un bond avec sa chaise.*

BLENSK *(avec une soudaine componction)*. Sans doute êtes-vous déjà au courant, madame Milstein, de l'épreuve inopinée que nous venons de subir... Grete est très affligée, l'annonce de ce malheur a été pour ma pauvre Grete comme un dard en plein cœur. Cela dit nous sommes contents car nous avons obtenu une tombe à Châtel-Saint-Denis. Ça c'est une consolation. Aussi maigre soit-elle, c'est tout de même une consolation pour Grete de savoir qu'elle pourra visiter sa chère cousine quand bon lui semblera, et sans avoir de train ou d'autocar à prendre. Quant à moi, je suis à présent, de surcroît, veuf en quelque sorte puisque mon épouse est naturellement descendue à Vevey. *(Il sourit tristement et hoche la tête.)* Vous allez au concert ce soir ? Ah non, c'est vrai, suis-je étourdi, vous n'aimez pas la musique...

EMMA. Comment, je n'aime pas la musique ?...

BLENSK. Enfin je veux dire pas les concerts, la musique en concert vous n'aimez pas...

EMMA. J'adore les concerts, je raffole des concerts, sauf à Stratten ! On est serrés comme des harengs dans cette église, les bancs sont plus durs que du pain rassis, quand vous demandez un coussin on vous dévisage avec épouvante, non... non, non, et puis pour tout vous dire, j'ai horreur de cette atmosphère cul-bénit.

BLENSK. Oh !...

EMMA. Oh, puis j'ai encore perdu ma page... Non, la voilà.

*Elle rajuste ses lunettes et se replonge dans son livre.*

BLENSK *(après un petit temps de silence embarrassé)*. Et si je me promenais un peu ? Il va faire humide à cette heure-ci... À moins qu'une de vous deux ne consente à m'accompagner... Non, non, lisez, mon Dieu, lisez, je vous empêche de lire...

*Il se lève et disparaît, un peu désemparé.*
*Un temps.*
*Arrive Ariane.*

ARIANE. Bonjour, Emma.

EMMA. Quelle mine vous avez !

ARIANE *(gentiment)*. Vous trouvez ?

*Elle se penche et embrasse Suzanne avec une tendresse démonstrative.*

ARIANE *(désignant le livre de Schnitzler).* **Ça te plaît ?**

SUZANNE. **Oui, beaucoup. Mais qu'as-tu fait, je ne t'ai pas vue de la journée.**

ARIANE. **Rien —
Sieste, piscine, une demi-heure, j'ai été en ville, tout était fermé... Rien.
Ils sont partis à quelle heure ?**

SUZANNE. **Vers dix heures. Tu dormais.**

ARIANE. **Il fallait me réveiller...
Tu me laisses dormir comme une idiote. Tu ne t'intéresses pas du tout à moi.**

*Elle sourit.
S'agenouille et pose sa tête sur les genoux de Suzanne.
Emma fait mine de lire.*

SUZANNE. **Sale bête...**

ARIANE. **Qu'est-ce que j'ai, maman ?**

SUZANNE. **Tu t'ennuies.**

ARIANE. **Non. Ce n'est pas ça.**

SUZANNE. **Tu es morose.**

ARIANE. **Non...**

SUZANNE. **Tu es amoureuse.**

ARIANE. **De qui ?**

SUZANNE. **De Balint.**

ARIANE. **Non. Sûrement pas.**

SUZANNE. **De qui alors ?**

ARIANE *(se relevant, gaie tout à coup).* **Je suis amoureuse de monsieur Blensk. Je viens de le croiser, le pauvre, misérable dans le chemin des mûres, avec des après-ski et un parapluie pour écarter les ronces !**

SUZANNE. **Mais monsieur Blensk est amoureux d'Emma.**

EMMA. Quelle sottise ridicule !

ARIANE. Monsieur Blensk est fou de vous, Emma.

SUZANNE. Fou — !

EMMA. Si seulement ce n'était pas vrai !

*Elles rient.*
*Ariane fait quelques pas.*

ARIANE. Honnêtement, je ne sais pas si la montagne me réussit vraiment. Je me sens oppressée...

SUZANNE. Où ça ?

ARIANE. Oppressée... Nulle part... Oppressée.

SUZANNE. Et si tu prenais un bon bain ?

ARIANE. Et si je prenais un thé citron ?

SUZANNE. Voilà.

ARIANE. Je suis oppressée et tu me recommandes un thé citron !

SUZANNE. Elle m'épuise.

ARIANE. Au fait, tu m'as acheté un billet pour le concert ce soir ?

SUZANNE. Oui. Ne me dis pas que tu as encore changé d'avis.

ARIANE. Mauvaise mère. Tu es mauvaise mère. *(Elle l'embrasse.)* À tout à l'heure, Emma.

SUZANNE. Où vas-tu ?

ARIANE. Prendre un bain aux herbes calmantes.

EMMA. Je vous trouve bien guillerette, en dépit de votre oppression.

ARIANE. C'est le principe même de l'oppression. Vous direz à votre frère que j'ai regretté infiniment...
Il comprendra.

EMMA. Sûrement.

*Ariane part.*
*Silence.*

EMMA. Vieillir... Quel soulagement...

SUZANNE. Vous trouvez ?

EMMA. Non ?

SUZANNE. Je ne sais pas —

EMMA. J'ai l'impression que je vous connais depuis très longtemps...

*Suzanne acquiesce et sourit.*
*Silence.*
*On entend le rire d'Avner.*

AVNER *(qui apparaît sous la véranda, précédé de Balint).* ... Et mon fils, ironie de la nature, n'a aucun talent. Aucun, aucun. C'est pathétique. Il note mes bons mots, le pauvre. Je suis une mine pour ce garçon.

*Balint rit.*
*Ils s'approchent de Suzanne et d'Emma, tous deux en tenue de marche.*

AVNER. Il veut que je lui achète une machine à traitement de texte. J'ai dit : « Traiter quoi, mon vieux ? Écris déjà, tu traiteras ensuite. »
*(À Emma et Suzanne.)* De toutes les balades, peut-être la plus belle ! Dites-leur, Balint. Dites-leur.

BALINT. On a vu des marmottes à deux mètres.

AVNER. Comme je vous vois.

BALINT. Et une famille de chamois...

AVNER. Sur les crêtes. D'une élégance !...

BALINT. Et des fleurs extraordinaires...

AVNER. Des fleurs inconnues... Et pour finir, en cadeau, des framboises au bord du chemin, des framboises somptueuses en récompense, qui ont l'air de dire je m'offre à vous. Les femmes ne sont pas aussi gentilles... Dis-moi, Emma, j'ai pris le pro-gramme de ce soir en passant devant la réception... Quintette à cordes. Bon. Mais lequel ?... Tu es sûre qu'il n'y a pas un autre programme, Emma ?

EMMA. Le programme, c'est ce que tu as dans la main.

AVNER. Ils ne précisent pas les numéros, ces cons. Quintette à cordes. Point.

EMMA. Ariane te fait dire qu'elle a beaucoup regretté.

AVNER. Si seulement ils jouaient le 516 !... Vous ima-ginez la journée, Balint ? Lieuseur et le Koechel 516, la journée de rois !

EMMA. Ils vont certainement jouer le 516.

AVNER. Tu sais ce qui m'agace le plus à Stratten ? Cette recherche effrénée de la complication. *(À Balint qui défait ses chaussures.)* L'année dernière, pour un Bach, on s'est tapé trois Hindemith, cinq Elgar...

*Balint hoche la tête en signe de compréhension navrée.*

EMMA. Tu n'es pas obligé d'y aller.

AVNER. Au fond je m'en fous, le 515 est aussi beau... Et samedi, Vivaldi, *Stabat Mater*... Et si ça se trouve, je serai déjà en route pour Buenos Aires, je me dégoûte.
Suzanne, vous venez ce soir, j'espère ?

SUZANNE. Nous venons. Ariane vient aussi.

AVNER. Alors elle a regretté ?...

EMMA. Tu sais ce qui serait gentil ? D'emmener avec vous Kurt Blensk qui est tout seul.

AVNER. On ne va pas s'affubler de Kurt Blensk ! D'abord qui peut prononcer ce nom ? C'est la néga-tion, ce type !

SUZANNE *(à Emma)*. Alors que vous avez une si char-mante occasion d'être en tête à tête...

EMMA. C'est bien pour ça que je tenais à vous le caser... *(Elles rient.)* Bon, eh bien moi je commence à avoir froid... *(Elle se lève.)* À tout à l'heure, mes chers amis...

BALINT. Je rentre aussi... *(À Avner.)* Merci pour cette journée — magnifique.

*Ils partent.*
*Suzanne et Avner restent seuls.*
*Silence.*

SUZANNE. Alors vous partez après-demain ?

AVNER. J'ai un rendez-vous probable à Genève samedi. Dans ce cas je m'envolerai, oui, directement. *(Léger temps.)* Et vous ?

SUZANNE. Vous savez, moi, je n'habite qu'à Lausanne... C'est tellement vite fait d'aller, de revenir —

AVNER. Lausanne... Que faites-vous à Lausanne ?

SUZANNE. Mon mari possédait une entreprise de céramique à Lausanne, après notre séparation je suis restée là.
Rien ne me rappelait à Paris.

AVNER. Vous travaillez ?

SUZANNE. Oui — c'est sans intérêt.

AVNER. Bien.

*Silence.*
*Durant cette scène, la lumière change et devient peu à peu crépusculaire.*

AVNER. Je n'ai pas envie de partir...

SUZANNE. Je vous comprends.

AVNER. Je n'ai jamais envie de quitter cet endroit — cette année, moins que jamais...

*Ils restent tous deux, assis, immobiles, à fixer le paysage.*
*Après un temps, Avner prend un plaid qui se trouve sur*

*un transat et le pose sur les pieds déjà couverts de*
*Suzanne.*

SUZANNE. Merci...

*La lumière tombe.*

2

*Nuit.*
*Le jardin est dans la pénombre, éclairé par la lune.*
*Sous la véranda, Kurt Blensk, attablé, seul, joue au*
*scrabble. On le voit, concentré, méticuleux, placer*
*des lettres, compter, noter le score, piocher en fer-*
*mant les yeux dans le petit sac. Puis, avec le même*
*soin, changer de place et devenir son propre adver-*
*saire.*
*Apparaît Emma.*

BLENSK. Oh, vous êtes là !... J'ai demandé à monsieur
Müller, il m'a dit que vous étiez au concert, j'ai dit
« madame Milstein ne va jamais au concert à Stratten » — vous vous reposiez ?

EMMA. Je lisais un peu dans ma chambre... Jouez,
jouez, continuez votre scrabble...

*Elle s'installe confortablement dans un fauteuil, déplie*
La Tribune, *met ses lunettes et entame ses mots croi-*
*sés.*
*À regret, Kurt Blensk retourne à son scrabble.*
*Un temps.*

EMMA. Vous devez savoir ça, vous, philosophe suisse
en S...

BLENSK. En S... Combien de lettres ?

EMMA. Huit.

BLENSK. Philosophe suisse en S...

EMMA. Vous avez des philosophes en Suisse ?

BLENSK. Bien sûr que nous avons des philosophes en Suisse. Pourquoi n'en aurions-nous pas ?

EMMA. Qui ?

BLENSK. Qui ?...

EMMA. Qui ?

BLENSK. Ah ! c'est fameux, vous avez le don de me dérégler l'esprit...

EMMA. Vous en avez un.

BLENSK. Qui ?

EMMA. Le type en S. Dites-moi, monsieur Blensk, vous n'avez pas grossi ? Il me semble que vous avez grossi.

BLENSK. Ah bon ? Depuis quand ?

EMMA. Depuis ces jours-ci. Depuis quelques jours.

BLENSK. Ah bon ?

EMMA. Non ?

BLENSK. Je ne me suis aperçu de rien...

EMMA. Vous ne vous pesez pas ?

BLENSK. Si...

EMMA. Les balances mentent, elles sont folles, imaginez-vous que j'aurais pris trois kilos, en quoi ? même pas huit jours...

BLENSK. Oui, c'est...

EMMA. C'est absurde. Je sais bien que je mange, mais enfin est-ce qu'on ne peut pas manger en vacances ? Cet hôtel nous gave. Évidemment, ils n'ont plus que nous, il faut bien écouler la marchandise. Vous avez grossi vous aussi, pesez-vous, pesez-vous, vous avez empâté, je le vois très bien.

*Kurt Blensk s'observe avec inquiétude.*

EMMA *(retournée à ses lunettes et mots croisés)*. Alors ce philosophe, on l'oublie, j'ai l'impression.

BLENSK. Pas du tout. Laissez-moi seulement me concentrer.

EMMA. C'est ça. Concentrez-vous.

*Léger temps.*

*Apparaît Avner. Pantalon, blazer et pardessus.*
*Il s'assoit sur une marche qui accède au jardin et regarde le paysage dans la nuit.*

AVNER. 516 et Quintette pour clarinette. Tu es une conne.

EMMA. Chacun ses plaisirs, mon petit. Où sont les autres ?

AVNER. Montés se changer.

*Silence.*

EMMA. Tu ne devrais pas parler de ton fils de cette manière.

AVNER. Qu'est-ce que j'ai dit ?

EMMA. Tu n'as pas à dire qu'il n'a aucun talent à un inconnu, d'abord qu'en sais-tu ?

AVNER. C'est une évidence.

EMMA. On ne parle pas comme ça de ses enfants.

AVNER. Il n'a aucun talent, rien, zéro, et il s'acharne à vouloir être écrivain, je ne vais pas pleurer.

EMMA. Au moins reste discret. N'en fais pas un sujet de plaisanterie.

AVNER *(faussement contrit)*. Bien.

*Silence.*
*Apparaît Balint.*

BALINT. Bonsoir.

EMMA. Bonsoir...

*Il traverse la véranda, descend les marches et fait
quelques pas dans le jardin.
Avner n'a pas bougé.
Au bout d'un temps leurs yeux se croisent.*

BALINT. De rois... *(Avner acquiesce et sourit.)* J'ai
oublié de vous descendre le journal...

*Il repart sans qu'Avner ait pu le retenir.
Un temps.*

AVNER. J'aime bien ce garçon. Indécis, fragile
— silencieux...

EMMA. Tu es triste, Avner ?

AVNER. Tout est bien. Tout va bien, Emma.

EMMA. Qu'est-ce qu'il y a ?

AVNER. Tu n'entends pas ?

EMMA. Quoi ?

AVNER. Tout...

*Silence.
Apparaît Suzanne.*

SUZANNE. Quel dommage que vous ne soyez pas
venue, je sais, je sais, il ne faut rien vous dire... Vous
gagnez, monsieur Blensk ?

*Elle s'assoit près d'Emma.*

BLENSK. Hélas, non.

SUZANNE. Comment ça non ?

BLENSK. Je ne tire que des consonnes.

SUZANNE. Et qui gagne ?

BLENSK. L'autre. Je ne suis pas deux fois moi-même,
ça n'aurait pas de sens.

SUZANNE. Oui, bien sûr...

*Silence.*

*Un long temps où chacun s'installe dans la nuit qui s'écoule.*
*Revient Balint. Il tend à Avner le* Journal de Genève.

AVNER. Merci — *(Il déplie le quotidien ; après un temps il secoue longuement la tête.)*... Le mark est à 2,70 et Avner Milstein, le grand stratège, reste inlassablement en dollars.

EMMA. Je t'avais dit de te convertir en deutsche mark.

AVNER. Est-ce qu'on sait ces choses-là ?... Le dollar moi c'est physique, c'est vert, c'est beau... Ça ne peut pas foutre le camp éternellement. *(À Balint qui s'amuse.)* Riez, riez, Balint — dites-moi, c'est hongrois ce nom, Balint ?...

BALINT. Oui. J'avais un grand-père hongrois qui s'appelait Balint.

AVNER. Je me disais bien que vous aviez un petit air magyar...

EMMA. Qu'est-ce que tu peux dire comme bêtises...

*Apparaît Ariane.*

ARIANE. Avner Milstein, au téléphone...

*Avner se lève et rentre dans l'hôtel.*

ARIANE. Tu n'as pas froid, maman ?

SUZANNE. Non, pas du tout, chérie. Je respire cet air extraordinaire.

*Ariane s'approche de Balint qui s'est écarté en bas des marches, dans le jardin.*

ARIANE. Ça va ?... *(Balint hoche la tête.)* C'est difficile de parler avec toi — *(Il sourit ; silence.)* Il y a quatre jours, je détestais la montagne — Et maintenant j'éprouve le contraire — l'impression d'une nostalgie déjà... Je te fais rire ?... Tu souris en me regardant, je ne sais pas quoi penser.

BALINT. Tu pars quand ?

ARIANE. Dimanche soir, en principe...

*Léger temps.*

BALINT. Tu vas me manquer...

ARIANE. Et toi, tu pars quand ?

BALINT. Je ne sais pas. Je n'ai pas beaucoup écrit ces derniers jours. Cet homme a le don de me distraire, et je ne sais pas lui résister.

EMMA. Canari, ça prend deux *n* ?

SUZANNE. Ah non !

EMMA *(écrivant).* Alors c'est bon.

*Avner réapparaît.*

AVNER. Il suffit que je parle d'argent pour que les affaires me harponnent. *(À Emma.)* J'ai mon rendez-vous à Genève samedi. Que dit la météo ce soir ?

EMMA. Beau.

AVNER. Beau, alors demain grand jeu. Lenzsee. Quatre heures de montée, caillasse, pas un arbre mais en haut la plus belle vue qui soit. Qui vient ?

ARIANE. Moi.

AVNER. Ariane... Lenzsee avec Ariane.
Ma dernière marche, avec Ariane —

*Ils se regardent. Ariane sourit. Balint détourne la tête.*

AVNER. Balint ?... Vous ne venez pas avec nous ?

BALINT. Non —

AVNER. Dommage...

*Avner fait quelques pas dans le jardin et contemple les étoiles. Ariane, en retrait, l'imite.*
*Derrière, Balint, seul, immobile.*
*Silence.*

EMMA *(elle se lève).* J'ai froid. Et si on faisait un bridge ?

134

SUZANNE. Bonne idée.

EMMA. Avner, tu joues au bridge avec nous ?

AVNER. Je veux bien faire un bridge, mais pur.

SUZANNE. Qu'appelez-vous pur ?

AVNER. Pur. Pas de complications, pas de mots barbares, j'ai du trèfle, je dis trèfle, j'ai du carreau, je dis carreau... Mais Emma ne sait pas jouer comme ça. Emma ne sait jouer que selon un credo impénétrable...

SUZANNE. Auquel, pardonnez-moi, je me réfère également.

AVNER. Qui vous dit qu'il s'agit du même ? À Buenos Aires, vous traversez la rue et le système est changé.

*Emma rentre dans l'hôtel, suivie par Suzanne.*

SUZANNE *(à Ariane)*. Nanouche, tu fais la quatrième ?

ARIANE. Je ne sais pas jouer, je joue comme un pied.

AVNER. Tant mieux. Tu te mets avec moi, on va faire une équipe formidable. Viens.

*Ils disparaissent.*
*Reste Balint dans le jardin. Et Kurt Blensk sous la véranda.*
*Un temps.*

BLENSK. Vous savez jouer au bridge ?

BALINT. Non.

BLENSK. J'aurais volontiers fait le quatrième puisque la jeune femme ne sait pas jouer.

BALINT. Elle doit savoir quand même.

BLENSK. Sans doute... Remarquez, c'est une compagnie plus agréable...

*Balint sourit poliment.*
*Un temps.*

BLENSK. Cet après-midi, j'ai·lu un article tout à fait amusant sur les petits mammifères. Figurez-vous qu'à l'intérieur des terriers que les marmottes fabriquent pour l'hiver, elles prévoient des chambres à fientes. Autrement dit, des petits coins ! *(Balint de nouveau sourit avec politesse.)* Quant au blaireau, il aménage une chambre d'enfants, et le castor a sa salle à manger ! Au bord de l'eau ! *(Il rit volontiers.)* Car il aime dîner au bord de l'eau ! Au fond, est-ce qu'il y a des castors par ici ? Il devrait y en avoir avec tous ces torrents, ces lacs. Dans vos promenades vous n'en voyez pas ?

BALINT. Je n'en ai jamais vu.

BLENSK. Ah, ils ne se laissent pas voir comme ça ! Ils sont malins les castors. Je crois même que ce sont les plus intelligents de tous ces rongeurs. Oui, je crois que ce sont les plus développés intellectuellement. *(Désignant le scrabble.)* Ça vous dit une partie ?

BALINT. Merci, non. Excusez-moi mais je n'ai pas très envie de jouer...

BLENSK. Pas du tout, holà, chacun est libre ! En vacances chacun fait ce qu'il veut... *(Il range les pions dans sa sacoche.)* J'ai perdu. Sans mentir, j'ai dû tirer trois voyelles de toute la partie ! Même Fulcraz n'aurait rien pu faire. Vous connaissez Fulcraz ?

BALINT. Non...

BLENSK. Non, je vous le demande parce que vous hochiez la tête, j'ai cru que vous le connaissiez. Fulcraz, Walther Fulcraz est le champion de notre club.

BALINT. Vous allez dans un club ?

BLENSK. Oui, oui. *(Il sourit avec une amicale condescendance.)* Mais alors au club, n'est-ce pas, nous jouons en « duplicate », rien à voir avec les parties libres, la chance n'intervient pas, comprenez-vous.

Notez, vous joueriez contre Fulcraz en partie libre, vous perdriez.

BALINT. Sûrement.

BLENSK. Oh, sûrement ! Ah, ah !

*Balint sourit.*
*Apparaît Avner.*

AVNER. Je suis le mort.
C'est d'un ennui ce jeu, c'est pas croyable.

BLENSK *(outré)*. Le bridge ! ?

AVNER. Vous ne trouvez pas ça ennuyeux, vous ?

BLENSK. Oh, mon Dieu, pas un instant !

AVNER. Eh bien, allez donc me remplacer.

BLENSK. Mais vos partenaires...

AVNER. Elles seront ravies... *(Il crie en direction de l'intérieur.)* Monsieur Clems va jouer à ma place !... *(À Blensk.)* Allez-y, allez soutenir la petite.

*Kurt Blensk part, fou de joie.*

BALINT. Comment l'avez-vous appelé ?

AVNER. Est-ce que je sais ?... Clems ? Non ?... Vous croyez qu'elles vont m'en vouloir ? Très gentil ce type.

BALINT. Il s'est pris de sympathie pour moi.

AVNER. Aïe, aïe, aïe...

BALINT. J'attire ce genre de gens. C'est endémique chez moi.

AVNER. Il vous parle ?

BALINT. Il me parle, il m'instruit...

*Avner hoche la tête en signe de compassion.*
*Un temps.*

AVNER. J'ai fait un rêve extraordinaire cette nuit. J'ai rêvé que je dirigeais le finale d'Haffner. À une vitesse foudroyante. Je conduisais l'orchestre avec une baguette en spirale que j'agitais vers le ciel, clouant sur place tous les Bruno Walter, Bernstein, Osawa... On ne va jamais assez vite dans ce finale. Voilà ce qui est important si vous voulez le fond de ma pensée, voilà ce qui est important. La musique. Il n'y a qu'elle.

Je suis déprimé.

BALINT. Moi aussi.

AVNER. Je le vois.

*Silence.*

BALINT. Lorsque je suis venu ici... enfin je veux dire, lorsque j'ai pris la décision de m'isoler à la montagne pour terminer cet essai sur la civilisation de Hallstatt, je pensais que la montagne serait le lieu idéal pour écrire... Je pensais que le désert affectif, la menace que constituerait cet environnement favoriseraient le travail...

J'imaginais tout ça, de loin, avec une sorte d'ennui respectueux, et je me voyais écrire, l'âme en paix derrière la vitre, dans une petite chambre bien rangée...

Vous m'avez démoli ce programme... Vous m'avez entraîné avec vous... J'aime les marmottes, les boutons-d'or, je me réjouis de la merde de vache, vous m'avez contaminé — et j'ai perdu tout enthousiasme pour ce que j'écris. *(Un temps.)* Pourtant je reste à part... Ce paysage vous appartient, il fait corps avec vous... Vous êtes son égal... Moi, il me blesse... Il me laisse en dehors... Rien ne me paraît plus haïssable aujourd'hui qu'un livre sur le premier âge du fer, mais je vais m'y accrocher. Si en plus vous foutez le camp, Dieu sait que je vais m'y accrocher...

*Silence.*

AVNER *(après un temps)*. À Buenos Aires, je fabrique du mobilier de conférence, j'exporte des meubles de bureau d'une constante uniformité et laideur... C'est ce que je fais pendant toute l'année. On ne peut pas confondre cette occupation avec une identité... Je fais de l'argent. J'en gave mes fils qui sont deux nullités, c'est sûrement le plus mauvais service que je peux leur rendre, mais au moins je m'épargne artificiellement le souci que me cause leur indigence. Je n'ai jamais douté que ma vie était ailleurs.

Je n'ai même jamais pensé les choses autrement — Vous écrivez, mon fils aussi pense qu'il est noble d'écrire. Et comme lui, vous voulez vous confondre avec votre écriture, vous n'admettez pas qu'elle puisse être une activité banale... Je ne sais pas après tout, peut-être que je ne peux pas vous comprendre, on ne peut pas comprendre quelqu'un...

*Surgit Ariane, à la porte de la véranda.*

ARIANE. Je vous déteste, qu'est-ce que vous voulez que je fasse en équipe avec ce type ? Quel plaisir j'ai ?

AVNER. Il est meilleur joueur que moi — non ?

ARIANE. Mais quelle idée de m'avoir collé ce type, ma soirée est un calvaire... je vous rendrai ça, Avner, je vous le rendrai... *(Elle part et revient aussitôt.)*... Et si par malheur il me donne le moindre conseil, je lui balance le jeu à la gueule !

*Elle disparaît.*
*Avner sourit.*
*Léger temps.*

BALINT. Vous êtes flatté ?

AVNER. Oui — en quelque sorte...

BALINT. Vous l'emmenez à Lenzsee demain ?

AVNER. Si elle vient.

BALINT. Elle viendra.

*Un temps.*

AVNER. Où faut-il prendre le téléphérique pour Lenzsee ?

BALINT. À Lenz. Vous me demandez à moi !...

AVNER. Mais vous savez lire ces cartes. Moi ça fait cent ans que je viens et j'y comprends toujours rien. Pourquoi ne venez-vous pas ?

BALINT. Je dois travailler. Je vous l'ai dit.

AVNER. Je nous fais couper un petit saucisson de pays... non, mieux, des petites saucisses des Grisons, je nous fais mettre des petites saucisses des Grisons, un bout de fromage, trois tomates, et on fera un feu au bord du torrent en descendant... Et je porterai le sac... Enfin le sac, vous le porterez quand même... Ariane le portera ! Elle est jeune après tout cette fille.

BALINT. Demain, j'écris —

*Avner hausse les épaules. Apparaît Suzanne.*

SUZANNE. Le bridge est fini.

AVNER. Déjà ?

SUZANNE. Personne n'a envie de jouer avec monsieur Blensk. Emma s'est senti une fatigue insurmontable et ma fille m'a fait honte par son empressement à éprouver la même chose.

*Arrive Ariane.*

ARIANE. Emma vous dit bonsoir. *(À Avner.)* À quelle heure demain ?

AVNER. Neuf heures et demie, en bas.

ARIANE. Bonne nuit.

AVNER. Bonne nuit.

BALINT. Bonsoir.

SUZANNE. Tu vas te coucher, chérie ?

ARIANE. Oui.

*Elle embrasse Suzanne et part.*
*Un léger temps.*

*Suzanne descend dans le jardin. Balint retourne sous la véranda, se saisit du journal laissé par Avner et le feuillette plus ou moins...*

AVNER *(à Suzanne)*. Elle m'en veut ?

SUZANNE. On dirait.

*Elle sourit.*

AVNER. Et vous ?

SUZANNE. Aussi. Bien sûr...

AVNER. C'est gentil.

*Léger temps.*

SUZANNE. Ariane s'ennuie ici. Elle est venue pour me voir, elle sait que je n'aime pas Paris. Je pensais que quelques jours à la montagne seraient mieux que quelques jours à Lausanne, mais elle n'a pas d'affinités avec la montagne.

AVNER. Elle ne va pas voir son père ?

SUZANNE. Son père habite Paris. Le mari suisse est mon deuxième mari... Ainsi, petit à petit, vous savez tout de moi.

AVNER. Je ne sais rien.
Vraiment je ne sais rien.

*Silence.*

SUZANNE. Emma... a été mariée ?

AVNER. Non.
Elle n'a pas toujours été ce... comment... ce gai luron tambourinant — elle était timide plus jeune...

SUZANNE. Vous êtes méchant.

AVNER *(surpris)*. Non... non...
Elle était même une femme qui avait de la douceur...
C'est comme ça.

SUZANNE. Elle n'a pas d'homme dans sa vie ?

AVNER. Elle était, pendant un certain temps, amoureuse d'un Espagnol. Un Basque. Un petit nain bien costaud...
Je l'appelais le « trépignant ».

SUZANNE. Ça n'a pas marché ?

AVNER. Non.

SUZANNE. Pourquoi ?

AVNER. Ça n'a pas marché... Il habitait Bilbao, il ne voulait pas quitter Bilbao, est-ce que je sais... Emma a l'art de se fourrer dans des guêpiers. On ne peut pas dire que les hommes lui aient couru après... Le trépignant avait un certain mérite.

SUZANNE. Vous avez tort de parler comme ça...

*Avner rit.*

AVNER. Oui. *(Un temps.)* Venez à Buenos Aires.

SUZANNE. Quoi faire ?

AVNER. Tout.
Buenos Aires, c'est très beau...

SUZANNE. Peut-être...
Peut-être qu'un jour, j'irai.

*Silence.*

AVNER. Bonne nuit.

*Il lui prend la main et l'embrasse.*
*Il passe devant Balint, toujours au même endroit sous la véranda. Ils se font un signe d'adieu. Avner disparaît.*
*Suzanne fait quelques pas dans le jardin puis elle traverse la véranda et rentre dans l'hôtel.*
*Resté seul, Balint se balance sur sa chaise.*
*Suzanne réapparaît, un verre d'eau à la main. Elle regarde la nuit, et ne se retourne pas vers Balint lorsqu'elle lui parle.*

SUZANNE. Avner me plaît. Mais je ne sais plus comment séduire un homme. Il me semble qu'avec l'âge j'ai oublié les ruses, les simples manières de la féminité, c'est comme si, mon Dieu, comme si je revenais à l'âge de fillette, pataude et gauche, et ignorante... *(Elle se tourne vers lui.)* Je vois bien que vous éprouvez de la mélancolie. Je connais la mélancolie. J'ai beaucoup de sympathie pour vous.

*Elle part.*
*Balint reste seul.*
*Nuit.*

### 3

*Après-midi.*
*Dans le jardin. Une table. Quelques chaises.*
*Emma écrit des cartes postales. Suzanne est allongée sur une chaise longue.*
*Balint travaille. Il lit, souligne, prend des notes, écrit, tout cela habité par une sorte de fièvre morose. Kurt Blensk s'ennuie.*
*Après un temps.*

EMMA. Chaque année les mêmes mots et, j'en ai bien peur, la même carte. Si elle n'a pas reçu dix fois ces vaches et ce clocher, je veux bien me pendre. Grâce au Ciel elle n'a plus toute sa mémoire, cette pauvre Caroline.

SUZANNE. Qui est-ce ?

EMMA. Tante Caroline. La sœur de ma mère. Le dernier spécimen russe de la famille. Il y a un mois, coup de téléphone, « miracle, merveilleux, me dit-elle, on m'accepte rue de Varize — rue de Varize, c'est le foyer des juifs russes réfugiés — tu te rends compte, j'ai une chance extraordinaire, on me donne une chambre à moi toute seule, patati, patata... »

Quinze jours après, de nouveau téléphone, « vraiment je ne te comprends pas — qu'est-ce qu'il y a, tante Caroline ? — non vraiment je ne te comprends pas, comment as-tu pu accepter l'idée que j'aille dans cette maison où il n'y a que des malheureux, des pauvres juifs, misérables, vraiment je ne te comprends pas !... *(Rires. Un temps.)* Cette couche de brume, on dirait la mer au fond...

SUZANNE. Oui. Oui, c'est vrai —

EMMA. Il y a des jours où la mer me manque.
Au fond ce qui me manque c'est de voir la mer. Il faudrait qu'on puisse de temps en temps voir la mer. Ni se baigner, ni rien d'autre, seulement voir... *(Un temps.)* Quand nous nous sommes enfuis de Roumanie, en novembre 1940, nous avons pris le bateau à Constantza pour Istanbul, Avner et moi sommes restés sur le pont toute la nuit à regarder la mer et les étoiles et à attendre le lever du soleil... *(Silence.)* On ne savait pas où on allait mais la chose la plus importante était de voir le lever du soleil sur le Bosphore... Avner tenait la balustrade comme un capitaine de navire, il était grand pour son âge, il avait douze ans mais il était plus grand que moi qui en avais quinze. On lisait des livres d'aventures mais pour une fois, c'était une vraie aventure...

*Léger temps.*

BALINT *(qui pendant le récit d'Emma a délaissé son travail).* Racontez-nous.

EMMA. Oh, quel intérêt... C'est loin tout ça. C'est loin.

BALINT. Qu'avez-vous fait à Istanbul ?

EMMA. Voilà le professeur d'histoire qui se réveille ! Qu'est-ce qu'il veut savoir, ce garçon ? Eh bien à Istanbul, mon petit, nous avons mené une vie de rêve, couché dans le meilleur hôtel et mangé dans les meilleurs restaurants. Refaites cette tête ! — Que voulez-vous, nous avions de l'argent. Mon père comme tout juif prévoyant avait de l'argent en Suisse et en Angleterre et la Turquie était un pays neutre. Les gens se jetaient par les fenêtres, à Istanbul on se suicidait tous les jours, pour ceux qui étaient partis sans rien, il n'y avait ni visa, ni argent, ni aucun espoir d'aucune sorte...

BALINT. Et après la Turquie ?

EMMA. Après la Turquie, Jérusalem, trois mois au *King David*.

BALINT. Et après ?

EMMA. Après !... Mon Dieu, c'est un véritable interrogatoire. Ça embête tout le monde.

BLENSK. Aucunement...

SUZANNE. Au contraire.

EMMA. Eh bien après, mon père avait obtenu des visas pour l'Australie. Nous sommes partis pour Sydney, en hydravion, Imperial Airways qui faisait Londres-Sydney en neuf jours. Mais nous avons mis plus de temps parce qu'à Calcutta un général de je ne sais quelle armée avait soi-disant besoin de nos places. Plus tard, j'ai écrit ce voyage sur un petit cahier... J'ai même fait une carte... Chaque nuit nous nous arrêtions quelque part. Bassora, Bombay, Calcutta... De Calcutta nous sommes allés passer une semaine à Darjeeling. Au *Mont-Everest*. Magnifique hôtel. Le propriétaire était un juif polonais, ne me demandez pas comment un juif polonais était devenu propriétaire d'un palace à Darjeeling, mais il y était !... Depuis je bois toujours du thé de Darjeeling. *(Un temps.)* À Calcutta mon père a acheté des tapis. *(Elle sourit à ce souvenir.)* Il avait la folie des tapis, le pauvre. Chaque soir il revenait en disant j'ai vu des tapis splendides mais je ne peux pas me décider moi-même, ma mère lui répondait tu es fou, on ne sait pas où on va, qui sait si demain les enfants ne vont pas mendier dans la rue et toi tu achètes des tapis ! Et il a acheté.
J'ai encore les tapis aujourd'hui. *(Un temps.)* Voilà.

À Rangoon je me suis fait attaquer par un troupeau de moustiques. J'ai été mangée vive. À Singapour nous sommes descendus au *Raffles*, et puis Surabaya, Darwin, Sydney, la fin et le début...

Voilà. Le périple des Milstein pendant la guerre.

*Silence.*

BALINT. Et vous êtes revenus en Europe ?

EMMA. En 46. À Paris.

Et dix ans plus tard, Avner est parti vivre à Buenos Aires — (*Un temps.*) Ne dites pas à Avner que je vous ai raconté tout ça.

Avner ne parle jamais de ce voyage pendant la guerre. J'ai toujours pensé qu'il avait eu honte par la suite de cette saga quatre étoiles. Qu'il s'en voulait, peut-être, de ne pas avoir participé au destin collectif... Oui, c'est une chose qui l'a marqué dans sa vie, je crois, d'avoir été absent et protégé de la tragédie, d'avoir joué dans les palaces quand les enfants de son âge mouraient de faim et mouraient tout court. Moi je ne vois pas les choses comme ça. Nous étions très jeunes, nous n'étions pas responsables, nous ne savions pas ce qui se passait, et quand bien même nous l'aurions su, fallait-il pour autant vivre dans des bouges et manger des croûtons de pain, non je ne plaisante pas, quel mal faisions-nous ?

Qu'en pensez-vous, monsieur l'historien ?

BALINT. Il y a des sentiments qui... enfin je veux dire... sans m'embarquer dans... disons que je comprends ce que votre frère peut éprouver.

EMMA. Mais moi aussi je le comprends, mon petit. Je le comprends très bien, mais je vais vous dire une chose qui n'appartient ni à l'histoire ni à la morale, et je la dis sans pudeur ni honte, savez-vous que jamais dans ma vie je n'ai été aussi heureuse que pendant cette année-là, je ne savais rien encore des douleurs de la vie, je plaisais à mes parents, mes parents et mon frère m'aimaient et je les aimais, quoi de plus simple, durant la semaine passée à Calcutta, j'ai vu des misères effrayantes, ça ne m'empêchait pas d'être heureuse, et Avner aussi était heureux, j'en suis sûre, mais ce souvenir d'innocence chez lui est devenu remords — pour moi, c'est un regret...

Allons, Suzanne, vous qui êtes la délicatesse même, arrêtez cet épanchement ridicule, je ne sais pas quelle mouche m'a piquée aujourd'hui !

*Suzanne a un geste d'amicale dénégation.*
*Un instant de silence.*

BALINT *(il se lève)*. Qui veut un chocolat chaud ? Il fait frais tout à coup.

SUZANNE. On dirait que le temps se couvre. J'espère qu'ils n'auront pas d'orage en montagne.

EMMA. Je prendrais bien un chocolat, oui.

SUZANNE. Moi aussi.

BALINT. Monsieur Blensk ?

BLENSK. Merci, non. Sans façon.

*Balint part.*
*Léger temps.*
*Emma est retournée à ses cartes postales.*

BLENSK. Je n'aime pas leur chocolat. Il n'est pas bon.

*Suzanne acquiesce poliment.*
*Balint revient. Il s'assoit et reprend son travail.*

SUZANNE. Je ne sais pas comment vous pouvez travailler ici.

BALINT. Ici ?

SUZANNE. Je veux dire là, dehors. Avec nous.

BALINT. J'ai du mal...

SUZANNE. N'est-ce pas ?

BALINT. Je ne sais pas où je peux travailler, à vrai dire.

SUZANNE. Le petit salon derrière la véranda est toujours désert.

BALINT. Oui. Je sais.

*Il sourit.*

SUZANNE *(elle rit et ferme les yeux, allongée sur la chaise longue).* Je me tais, je me tais.

BALINT. Non. Parlez-moi.

SUZANNE. Non, non.

BALINT *(il ferme ses livres).* Voilà les chocolats.

*Il se lève et aide le serveur qui apporte trois tasses sur un plateau.*

EMMA. Trop sucré ce chocolat, non ?

SUZANNE *(qui boit à son tour).* Un drôle de goût...

EMMA. Un goût de lait concentré, oui !
On ne sait plus faire le chocolat.

BLENSK *(bondissant sur l'occasion).* Mais on ne sait plus faire le chocolat !... C'est bien triste à dire mais on ne sait plus du tout faire le chocolat, pour ne parler que du chocolat ! Jadis on faisait fondre du vrai chocolat noir, et non pas leurs satanées poudres, allez seulement savoir de quoi elles sont faites... Avec le lait, on utilisait le moussoir au dernier moment, mais attention, c'était le chocolat en morceaux qu'on versait dans la crème bouillie ! Eh oui !... Cela fait trois ans que je le fais remarquer à monsieur Müller. Ces jeunes Italiens de l'école hôtelière sont pleins de bonne volonté — encore que — mais comment voulez-vous qu'ils transmettent la moindre tradition ?... La tradition se perd non parce qu'elle meurt mais parce qu'on s'en désintéresse.

SUZANNE. Certainement.

BLENSK. Quand j'allais avec ma mère au Grand Salze, au *Chalet de Bretay* dans les années cinquante, il y avait un chef cuisinier, un maître d'hôtel et une gouvernante, tout ce petit monde avait ses galons d'ancienneté et je peux vous dire que si la Kulme

Torte avait manqué d'un gramme de vanille, personne n'aurait manqué de s'en plaindre, et madame Slutzermann se serait confondue en excuses.

BALINT. Bien sûr...

*À cet instant, une balle de tennis roule aux pieds d'Emma.*

EMMA. Encore ! Décidément, ça fait la troisième fois cet après-midi ! Tout à l'heure, je l'ai prise dans les jambes, j'ai cru qu'un chien m'attaquait la cheville.

BLENSK. Le grillage du tennis est trop bas du côté de l'hôtel, c'est pourquoi les balles sortent du terrain, rebondissent sur le petit parking en contrebas et par conséquent atterrissent chez nous. Alors que du côté de la route le grillage est surélevé. Exemple de rafistolage faussement économique typique du...

EMMA *(le coupant)*. Il faudrait leur dire de faire attention...

BLENSK. Voulez-vous que j'y aille ?

EMMA. Non, non, enfin oui, si vous voulez, monsieur Blensk, ce serait gentil. Et ramenez la balle pendant que vous y êtes.

*Kurt Blensk disparaît du côté opposé à l'hôtel.
Silence.*

EMMA. Il m'épuise.

SUZANNE. Comment s'en débarrasser ?

EMMA. Je ne vois pas.

SUZANNE. Au temps béni où nous avions sa femme...

EMMA. À qui le dites-vous ! On la regrette bien celle-là !

BALINT. Elle le canalisait.

SUZANNE. Elle le canalisait.

EMMA. C'est une sangsue depuis qu'il est livré à lui-même.

SUZANNE. Il vous adore.

EMMA. Il m'adore.

BALINT. C'est de votre faute.

EMMA. Comment, de ma faute ?

BALINT. Vous avez su vous rendre aimable.

SUZANNE. Il a raison. On n'adore pas sans y être encouragé.

EMMA. Sur chaque sujet il a un point de vue, il est docte, docte, docte jusqu'à l'implosion...

BALINT. Le pauvre.

SUZANNE. Oh non, vous n'allez pas le plaindre.

BALINT. Je ne le plains pas. Mais je trouve quelque chose de pathétique dans ces tentatives de dialogue.

SUZANNE. Tentatives ? Il nous soûle !

BALINT. Malgré lui. Quand il se faufile dans la conversation, il ne sait plus quoi faire pour y rester. Il a peur d'en être exclu dès qu'il s'arrêtera de parler.

*Kurt Blensk vient de réapparaître au fond.*
*Personne ne le remarque. Il s'avance un peu. Puis, à*
*la réplique qui suit, il s'arrête.*

EMMA. Il est intarissable. Si je ne l'avais pas envoyé rapporter la balle il serait encore à nous expliquer la fabrication du grillage.
Avez-vous remarqué comme il se plisse le front, comme il se ride ? J'ai envie de lui dire pourquoi vous vieillissez-vous, pourquoi vous ridez-vous, pourquoi vous rapprochez-vous de la mort pour dire des choses aussi insignifiantes ?... Rarement j'ai vu un homme aussi ennuyeux, et Dieu sait que les hommes ont le chic pour être ennuyeux.

BALINT. Sa femme aussi est mortelle.

EMMA. Mortelle !

SUZANNE. Oui, mais comme vous avez dit très justement, elle le canalisait.

EMMA. Ils se canalisaient mutuellement.

*Elles rient. Se retournent pour vérifier qu'il n'est pas là et le voient...*
*Lui est comme frappé de stupeur, immobile.*
*Silence.*

SUZANNE.... Vous avez fait régner l'ordre dans ce pays, monsieur Blensk — ?...

BLENSK *(d'une voix altérée)*. C'étaient des enfants —

SUZANNE *(de plus en plus fausse)*. Des enfants, bien sûr !...

BLENSK. C'étaient des enfants.
Je leur ai rendu la balle. Ils m'ont dit que cette balle était morte et qu'ils l'avaient envoyée exprès par ici. *(Un temps.)* J'ai rebroussé chemin et j'ai reçu la balle comme un boulet de canon dans les reins, car ils l'avaient à nouveau jetée... En riant ils m'ont crié qu'ils n'avaient pas eu l'intention de la diriger contre moi, je ne sais pas si vous avez reçu une balle de tennis jetée à toute force dans les reins, c'est une grande douleur, ça vous coupe la respiration et pendant un moment on ne peut presque plus marcher... *(Il se touche le front.)*... Je me plisse... je suis sûrement en train de plisser... Cette fois-ci, madame Milstein, je crois que je suis bien plissé... Hein ?... Vous connaissez Charles Secrétan ? Non ? Eh bien, m'est avis que c'est le philosophe suisse en huit lettres, je l'ai cherché pour vous cette nuit, et puis j'ai oublié de vous le dire ce matin, tant mieux parce que j'ai l'impression que ces mots croisés d'hier vous vous en fichez aujourd'hui et que j'aurais fait encore un beau contretemps —

*Il veut poursuivre, mais il en est incapable.*
*Après un silence, il part en tremblant.*
*Un temps.*

SUZANNE *(réprimant le rire qui la gagne)*. C'est affreux.

EMMA. Affreux.

*Elle pouffe de rire.*

SUZANNE *(riant malgré elle)*. C'est épouvantable...

EMMA *(pleurant de rire)*. Oui...

*Balint les regarde avec stupéfaction. Puis il se lève et part dans la direction de Kurt Blensk.*

SUZANNE. Il est horrifié...

*Cette constatation les plonge dans un rire inextinguible.*


## 4


*Fin d'après-midi. Mauvais temps. Entre nuit et jour Seul dans le jardin, en retrait, à peine discernable au premier regard, Kurt Blensk regarde les montagnes. Il est vêtu d'un gros manteau et d'une paire d'après-ski. Une écharpe portée à la manière des enfants lui entrave le cou. Silence. Au bout d'un moment, Balint apparaît sous la véranda.*

BALINT *(un temps)*. Monsieur Blensk ?...

*Kurt Blensk tourne la tête mais ne répond pas. Balint descend dans le jardin et se rapproche de lui.*

BALINT. Monsieur Blensk, j'ai frappé à la porte de votre chambre mais vous n'avez pas répondu. *(Silence.)* Vous ne voulez pas me parler ? — Vous avez toujours mal aux reins ? *(Blensk secoue la tête. Silence.)* Vous préférez que je vous laisse seul ?

BLENSK. Seul, je le suis.

BALINT. Je le suis aussi.

BLENSK. Ah.

*Silence.*

BALINT.... Mon père avait des après-ski comme les vôtres. Avec la fermeture Éclair — ça ne se fait plus maintenant.

BLENSK. Si. On en vend à Stratten.

BALINT. Ah bon ?

BLENSK. Pas ceux-là. C'est le vieux modèle.

BALINT. Il avait les mêmes, exactement.

BLENSK. Il ne les a plus ?

BALINT. Il est mort.

*Geste de Blensk.*
*Un temps.*

BLENSK. Je les ai depuis trente-quatre ans.

BALINT. C'est beaucoup.

BLENSK. Oui.

*Silence.*

BALINT. Monsieur Blensk...

BLENSK Allez-y...

BALINT. Où ?

BLENSK. Allez avec vos amis...
Vous vous sentez obligé de rester avec moi. Allez avec vos amis...

*Silence.*
*Kurt Blensk est toujours immobile, engoncé dans son gros manteau, le visage tendu vers les montagnes.*
*Balint fait quelques pas au hasard.*
*Tout à coup Avner surgit sous la véranda. Il est en tenue de marche, anorak et chapeau. Heureux.*

AVNER. Alors ? Quoi de neuf ?... Un paysan nous a ramenés de Lenzsee, goûtez ça, goûtez ça, c'est lui-même qui le fait... (*Il leur tend un morceau de fro-*

*mage.)*... Mangez, mangez... *(Blensk croque d'un air dégoûté.)*... Je lui ai dit « vous n'êtes pas suisse vous, pour faire un fromage pareil vous n'êtes pas suisse mon vieux », il ne parlait qu'allemand malheureusement. *(Il se frotte les mains et tape dans le dos de Blensk.)* Vous devriez marcher, monsieur Clems ! Au lieu de jouer avec les petites lettres toute la journée. Vous n'êtes pas encore un vieillard, merde, il faut marcher !... *(À Balint.)* Bon travail ?... Je vais me changer, quelle heure est-il ? Oh là là...

*Il disparaît.*
*Balint jette son morceau de fromage au loin.*
*Blensk observe le bout qui reste du sien, et comme par obligation en mange encore.*

BALINT *(après un temps)*. C'est bon ?

BLENSK. C'est du brebis.

*Un temps.*

BALINT. On ne voit plus grand-chose —

BLENSK. Rentrez.

BALINT. Ce n'est pas ce que j'ai voulu dire.

BLENSK. Rentrez tout de même.

BALINT. Rentrez avec moi, monsieur Blensk.

BLENSK. Je suis bien ici.

BALINT. Vous n'êtes pas bien. Il fait froid, il pleut.

BLENSK. Il ne pleut pas.

BALINT. Il pleut presque. S'il vous plaît, venez avec moi.

BLENSK. J'en ai entendu d'autres, vous savez. On n'arrive pas à mon âge sans en avoir entendu.

BALINT. Rentrons.

*La nuit tombe.*

154

## 5

*Soir.*
*Suzanne en robe, un châle sur les épaules, est sous la véranda. Elle regarde ce qu'elle distingue du paysage dans la nuit, et reste un bon moment ainsi à ne rien faire.*

AVNER. Emma !... *(Il apparaît.)* Emma !

SUZANNE. Elle n'est pas encore descendue.

AVNER. Voilà ma tenue de voyage. C'est ce que je mets ce soir et demain. La cravate et la chemise, ça ne vous choque pas ? *(Un instant de silence.)* Ne pensez pas. Répondez spontanément.

SUZANNE. La chemise...

AVNER. Vous ne l'aimez pas ?

SUZANNE. Elle vient d'Argentine ?

AVNER. Pas du tout. Je l'ai achetée ici, à Stratten. Un jour, folie, je passe, soldes, moi j'aime bien les soldes —

SUZANNE. Je ne sais pas, pour être vraiment sincère, si on peut marier cette cravate avec cette chemise... D'ailleurs cette chemise est assez difficile à marier.

AVNER. N'est-ce pas ? Donc cette cravate est idéale en fin de compte. Rayures sur rayures.

SUZANNE. Pas dans le même sens...

AVNER. Ah, mais c'est ça le chic — *(Il la dévisage.)* Vous êtes très belle ce soir.

SUZANNE. Mais non.

AVNER. Mais si. Vous êtes très belle.

*Léger temps.*

SUZANNE. Ariane paraît tellement heureuse de sa journée.

Elle est revenue éclatante, transfigurée.

AVNER. Elle marche bien. Nous avons marché six heures au moins.

SUZANNE. J'avais peur que vous ne preniez l'orage. Le temps s'est beaucoup couvert ici. C'est vraiment dommage que vous partiez.

AVNER. Oui —
Je n'avais jamais vu cette robe...

SUZANNE. Ah non ?...

AVNER. Non. C'est en l'honneur de mon départ ?

SUZANNE. Peut-être —

AVNER. Je me suis fait beau aussi. Mais vous n'aimez pas.

SUZANNE. Si, j'aime... *(Un temps.)* Mais c'est pour voyager que vous vous êtes fait beau, pas... pas pour ce soir...

AVNER. Si. J'ai voulu étrenner cette chemise pour vous. Vous n'avez pas aimé.

*Elle sourit.*
*Silence.*

SUZANNE. Vos fils sont à Buenos Aires ?

AVNER. Je crois.

SUZANNE. Que fait celui qui n'écrit pas ?

AVNER. Celui qui n'écrit pas écrit aussi.
Il poursuit des études de langues, je le vois remplir des feuilles, beaucoup de feuilles...

SUZANNE *(elle sourit. Un temps)*. C'est grand, Buenos Aires ?

AVNER. C'est grand comme un patio.

SUZANNE. Un patio ?

AVNER. C'est une ville à ciel ouvert. Le monde est autour. Venez —

SUZANNE. Vous me l'avez déjà dit.
Ce sont des choses qu'il ne faut pas dire trop...

*Arrive Ariane qui s'encadre, rayonnante, dans la porte de la véranda. Léger temps.*

AVNER. Alors — ?

ARIANE *(en souriant)*. Épuisée.

SUZANNE. Ça te va bien.

ARIANE. Oui. J'ai faim !
Vous avez dit à maman comme j'ai marché merveilleusement ?

AVNER. Je l'ai dit.

SUZANNE. Il me l'a dit.

*Avner et Ariane se regardent en souriant.*
*Emma apparaît au bras de Kurt Blensk.*

EMMA. Kurt dîne avec nous ! *(À Blensk.)* Et ne dites pas non, vous savez dorénavant que dès qu'on me tourne le dos je deviens effroyable et la pire des mauvaises langues.

*Kurt Blensk ébauche un pauvre sourire gêné.*
*Les autres observent Emma avec stupéfaction.*

EMMA. Pas d'étoiles, mauvais signe. *(À Avner.)* Tu as fait tes bagages ? Qu'est-ce que c'est que cette chemise ?

AVNER Tu aimes ?

EMMA. Avec cette cravate, c'est effrayant.

AVNER. Vous ne comprenez rien à l'élégance. L'élégance est audacieuse par définition.

EMMA. Aïe, je me tords les pieds avec ces chaussures !... Quelle saloperie, pardonnez-moi le terme... En plus c'est du cuir à la mie de pain, à chaque fois que je sors, je dois les vaporiser pour éviter les taches... *(Contemplant Avner.)* C'est quelque chose cet assemblage !... Tu as pris le goût outre-Atlantique, mon pauvre chou, tu n'y peux rien.

AVNER. Et qu'en pense notre ami K... ?

EMMA. Kurt.

AVNER. Notre ami Kurt ?

BLENSK. Quel est le... quel est le problème ?

AVNER. Le problème est le mariage de cette chemise... *(Il s'approche de Blensk et lui fait tâter la chemise.)*... voile de coton... boutonnage sous patte... avec cette cravate, un grand classique est-il besoin de le préciser...

BLENSK. Ma foi... Je ne suis pas grand spécialiste de la couture, mais, comment le formulerais-je, sans vouloir vous contrarier...

ARIANE. Vulgaire et séduisant.

AVNER. Je retiens séduisant.

EMMA. Mais vulgaire est le mot juste. Bon, assez parlé de cette chemise, où est le professeur d'histoire ?

ARIANE. C'est vrai, où est Balint ?

*Elle rentre à sa recherche.*

SUZANNE. Et si nous dînions ?

EMMA. Oui, allons dîner. *(Elle reprend Blensk sous son bras et l'entraîne à l'intérieur.)* Je prends Kurt à ma droite !

AVNER *(en aparté à Suzanne)*. Elle est devenue folle ?

*Suzanne rit.*
*Avner l'attend à la porte.*
*Sans se presser elle réajuste son châle, se dirige vers la porte, s'arrête, il y a entre eux un instant d'immobilité, puis elle passe devant lui et lui la suit.*
*Après un temps, apparaît Balint. Il traverse la véranda et s'appuie contre la rampe.*
*Arrive Ariane, essoufflée.*

ARIANE. Mais où es-tu ?

BALINT. Tu le vois bien.

ARIANE. Tu as bien travaillé ?

BALINT. Non.

ARIANE. Ne me réponds pas méchamment.

BALINT. Je ne te réponds pas méchamment.

ARIANE. Si. On dirait que c'est de ma faute.

BALINT. Ce n'est pas de ta faute.

ARIANE. Tu es bizarre.

*Balint se retourne vers elle et la considère attentivement.*

BALINT. Toi tu resplendis.

ARIANE. Tu trouves — ?

BALINT. Oui...

ARIANE. Tu dînes avec nous ? On dîne tous ensemble ce soir. Emma prise d'égarement a invité Kurt Blensk !

BALINT. Il a accepté ?

ARIANE *(surprise)*. Quelle question !

*Balint hoche la tête, comme affligé par cette nouvelle. Un moment de silence.*

BALINT. Va, va. Je vous rejoins.

*Elle obéit.*
*Arrivée à la porte, elle revient.*

ARIANE. Sois gai un peu de temps en temps. Je t'assure, on ne peut pas prendre au sérieux cette morosité perpétuelle.

BALINT *(avec violence)*. Mais fous-moi la paix, merde !

ARIANE *(après un instant de frayeur)*. Balint — ...
Qu'est-ce qu'il y a ?

BALINT. Mais rien... Rien —
Tu es très heureuse ce soir, Ariane — mais tu ne vois
rien...

*Silence.*

ARIANE *(elle s'approche tout près de lui)*. Dis-moi ce
que je devrais voir...

BALINT *(avec douceur)*. Pas maintenant. Tu ne peux
rien voir maintenant...

*Un temps.*
*Elle se dirige vers la porte.*

ARIANE. Tu nous rejoins ?

*Il acquiesce d'un signe de tête. Elle s'en va.*
*Peu après, il part à son tour. Au loin, on entend le bruit*
*sourd de l'orage.*

6

*Nuit.*

AVNER *(dans l'embrasure de la porte de la véranda)*.
Bonne nuit...

*À l'intérieur on entend quelques mots puis le silence.*
*Avner traverse la véranda et descend dans le jardin.*
*Il s'arrête de dos, et contemple l'horizon noir.*
*Peu après lui, Ariane apparaît.*
*Un temps.*

AVNER *(sans la regarder)*. Tu sens cette odeur ? Nous
avions une maison à la montagne, en Roumanie,
après chaque orage mon père nous obligeait à sortir
pour respirer cet air. *(Il se tourne vers elle.)* Tu as bien
marché... Tu as bien marché. *(Silence.)* J'ai fait un

voyage quand j'étais enfant. J'ai vu beaucoup du monde, par fragments. Et chaque fragment me donnait l'envie, et l'idée d'ailleurs... D'encore plus loin, plus inconnu...

Voilà pourquoi j'aime la montagne, parce que l'œil y rêve, et que tout peut se comparer à un chemin de crête, à une étendue de forêts — plaines, déserts, lacs, Hoggar, Hindû-Kûsh, toutes les lumières froides du Nord, les gouffres, les plateaux des vieilles routes de Chine, les horizons glaciaires, et le soleil... Comment peut-on habiter quelque part ? —

Je suis content que tu m'aies suivi là-haut. Là-haut, Ariane, on ne voit plus que le ciel, on ne voit plus que le ciel qui happe les choses, à toute heure, dans toutes les lumières, si détaché de nous, absent comme un pays lointain, il n'y a pas de repos là-haut, il n'y a pas de précipice, on ne se penche pas, on ne tombe pas comme l'imagine ta mère, on se trouve au contraire au pied du monde, et on rêve... On finit toujours par rêver avec tristesse, et parfois nostalgie, aux villes qu'on ne verra pas... à tous les noms magnifiques des villes inconnues, Babylone, Samarkand, Ibari, Pergame... aux innombrables voyages, à tous les vents qui emportent...

*Silence.*

ARIANE. Quand partez-vous ?

AVNER. Demain soir.

*Silence.*

ARIANE. Qu'est-ce que je vais faire sans vous ?

AVNER. Oh, des tas de choses. Tu iras... tu iras manger des truites à Gratz. Tu ne l'as pas fait encore. Je dirai à Balint de t'y emmener.

ARIANE. Emmenez-moi, vous.

AVNER. Je ne peux pas, mon petit. Je ne peux pas.

ARIANE. Et le *Stabat Mater* ?

AVNER. Je l'écouterai dans ma tête —

ARIANE. Vous vous faisiez une joie d'y aller...

AVNER. Je sais. Oui... *(Un temps.)* Mais toi tu iras. Balint t'accompagnera.

ARIANE. Arrêtez de me parler de Balint.

AVNER. Excuse-moi —
Il aime beaucoup la musique ce garçon tu sais...

ARIANE. Ça m'est complètement égal.

AVNER. Hier après-midi nous avons dressé, lui et moi, notre panthéon, devine qui il met après Mozart.

*Ariane ne répond pas.*
*Léger temps.*

AVNER. Il met Schubert !... Pas Beethoven, pas Bach. Schubert. Bien que je ne puisse pas être d'accord, je considère néanmoins ce choix comme la marque d'une vraie sensibilité musicale... Où vas-tu ?

ARIANE. Je vais me coucher —

AVNER. Sans me dire bonsoir ?

ARIANE. Bonsoir...

AVNER. Tu t'ennuies avec moi ?

ARIANE. Je m'ennuie parce que vous le faites exprès.

AVNER. Tu ne veux pas savoir qui je mets, moi, en deuxième ? —

*Elle sourit et reste à l'endroit où elle s'est arrêtée.*

AVNER. Eh bien, sache que je n'ai pas de deuxième pour la bonne raison que j'ai deux premiers ex æquo !... Veux-tu connaître mon troisième ?... Va te coucher si tu veux.

*Silence.*

ARIANE. Vous avez envie de partir ?

AVNER. Non.

ARIANE. Alors restez.

AVNER. La vie n'est pas comme ça.

ARIANE. Comment est la vie ?

AVNER. Respire au lieu de dire des bêtises... Ça sent déjà l'hiver cette nuit.

*Un temps.*

ARIANE. Avner — ?

AVNER. Oui ?

ARIANE. Parmi les choses qui font que vous n'avez pas envie de partir...

AVNER. Oui — ?

ARIANE. Parmi ces choses... est-ce que je compte ?

*Il la considère...*
*Un instant de silence.*

AVNER. Sûrement —
Tu as remarqué que Clems n'a pas dit un mot à table... Pas ouvert la bouche. La présence d'Emma le traumatise, le malheureux. C'est lui qui m'emmène à Genève demain. Dans sa Volvo.

ARIANE. Vous lui avez demandé ?

AVNER. Non. Il me l'a proposé. Avant de se coucher il me l'a proposé. Je lui ai dit « vous allez à Genève ? » Il m'a dit « non, mais je vous emmène volontiers... » *(Moue d'incompréhension.)*... Ça lui plaît de m'emmener !

*Ariane fait quelques pas.*
*Lorsqu'elle s'arrête, au hasard, elle lui tourne le dos.*

ARIANE. Ça vous arrive de venir à Paris ?

AVNER. Rarement.

ARIANE. Je voudrais vous retenir... Dites-moi quoi faire.

AVNER. Rien.

ARIANE. Je dois pouvoir vous retenir.

AVNER. Tu parles trop, Ariane.

*Elle hésite, se retourne. Puis part.*

AVNER. Ariane !... On ne se verra pas demain, je pars pour Genève à huit heures.

*Elle s'arrête.*
*Il la regarde un instant, puis détourne la tête.*
*Lentement, elle revient.*
*Silence.*

ARIANE. Pourquoi m'avoir dit demain soir ?

AVNER. Parce que l'avion ne part que le soir. Mais je dois être à Genève demain pour affaires.

*Silence.*
*Ariane, comme désemparée.*

ARIANE. Et Blensk vous emmène à huit heures ?...

AVNER. Oui. Tu sais, ce genre de type est debout à six.

ARIANE. Je le déteste —

AVNER. Pourquoi ?

ARIANE. Mais de quoi se mêle-t-il !

AVNER. De rien. C'est très gentil de sa part...

ARIANE. Alors vous allez passer deux heures dans sa Volvo hideuse, avec lui, à parler, vous avez l'air content de ce voyage, vous n'avez pas l'air d'en souffrir le moins du monde...

AVNER. Le train me faisait partir à sept heures.

ARIANE. Vous ne comprenez pas —
De Stratten à Genève, pendant deux heures, vous allez appartenir à Kurt Blensk, il a réussi à vous avoir deux heures à lui tout seul ! Et pendant que je serai moi reléguée dans ce désert, vous vous laisserez bercer avec ravissement par ce Suisse...

AVNER. Bercer, tu exagères —

ARIANE. Ne faites pas semblant de rien entendre...
C'est épuisant, je vous assure...

AVNER. Que veux-tu que je dise — ?

ARIANE. Je vous ai suivi aujourd'hui, Avner, sur la
montagne que vous aimez, rien d'autre, je n'ai fait
que vous suivre, vous marchiez, vous marchiez et...
qui peut comprendre ?... vous étiez si présent, si...
seul...

*Silence.*

AVNER. Tu m'inventes, Ariane.

ARIANE. Même si je vous invente, si l'homme que j'ai
suivi n'est pas vous, ce qui compte ce soir c'est votre
absence, c'est ce paysage quand vous l'aurez quitté,
c'est le chagrin qui m'attend et qui déjà ce soir frappe
toute chose où mon regard se pose... *(Un temps.)* Est-
ce que je peux... est-ce que je peux vous accompagner
cette nuit ?...

AVNER. Non. Non, Ariane...

*Il esquisse un geste tendre, comme on fait à un enfant.
Elle le repousse avec violence.*

AVNER. Tu m'as fait mal.

ARIANE. Pas assez encore.

AVNER. Vas-y.

*Elle le gifle à toute volée. Il lui rend la gifle aussi fort.
Elle vacille, et tombe.*

ARIANE. Ne prenez pas cet air de souffrance imbécile,
gardez au moins votre allure habituelle !

AVNER. Je ne cherche pas à te plaire —

ARIANE *(doucement)*. Non... Et pourtant vous avez si
bien réussi à le faire que même ces mots ne me
blessent pas...

*Un temps.*

AVNER. Mes désirs, Ariane, ne sont plus de ceux qu'on peut épuiser... J'ai mis le pied dans une saison que j'ai haïe d'avance et pourtant souhaitée. Tu m'as suivi de dos à Lenzsee, c'est mon dos que tu voyais... Le monsieur Milstein que tu as devant toi aspire au calme, au petit bonheur plat de se reposer. Un genre plutôt emmerdant —
Je ne peux pas, comprends-le, je ne peux pas... et m'apaiser... et t'aimer...

*Silence.*
*Au moment où la nuit les efface, il faut imaginer un mouvement d'elle vers lui.*

7

*Petit matin.*
*Temps gris. Morne*
*Kurt Blensk, un bidon d'huile à la main, vêtu de ses après-ski et de son pardessus, apparaît du côté de la route, traverse le jardin et rentre dans l'hôtel.*

EMMA *(off).* Avner ?... Avner ?...

*Elle surgit à la porte de la véranda, en robe de chambre, tenant deux paquets dans ses mains.*
*Penchée à la rampe de la véranda, elle scrute le jardin.*
*Kurt Blensk apparaît.*

EMMA. Avner ?... Oh, monsieur Blensk, je veux dire Kurt, est-ce que mon frère est descendu ?

BLENSK. Je l'attends, madame Milstein, j'ai organisé la voiture, tout est prêt pour le départ.

EMMA. J'ai acheté deux cardigans pour ses fils, j'ai complètement oublié de les lui donner. Quelle tête j'ai ? J'ai l'air d'une folle, non ? Je n'ai même pas pris le temps de me donner un coup de peigne. Prudence, prudence en voiture, mon petit Kurt. Il vous dira d'accélérer, faites la sourde oreille. Rien de plus dangereux que ces routes de montagne mouillées.

BLENSK. Madame Milstein, ma Volvo a quatorze ans, vous pouvez la regarder à la loupe vous n'y trouverez pas la moindre égratignure. La carrosserie est plus neuve qu'une carrosserie neuve.

EMMA. Tant mieux, tant mieux... Mais regardez-moi ce temps. Pourquoi nous infliger cette grisaille ?...

*Arrive Avner. Même costume que la veille. Pardessus. Valise. Sac à chaussures. Attaché-case.*

EMMA. Ne me dis pas que tu n'as plus de place, j'ai acheté ces cardigans une fortune chez Hanselmann... *(Elle s'est jetée sur la valise et entreprend de l'ouvrir.)*... Tu donneras le marron à Pablo et le vert à Saniel... Tu sais, c'est genre un peu tyrolien, ça va les amuser...

*Avec une résignation un peu absente, Avner la regarde tenter de caser les paquets dans la valise.*

EMMA *(qui referme le tout avec difficulté)*. Lequel tu donnes à Pablo ?... Répète ce que j'ai dit... Le marron à Pablo ! Tu n'écoutes pas ce que je dis tu vas faire l'inverse je vais mettre un P sur le paquet...

*Elle veut rouvrir la valise. Avner lui prend le bras.*

AVNER. Arrête.
Ne t'énerve pas. Aucun des deux ne mettra jamais ces tricots. Chaque année tu t'obstines à leur faire un cadeau qu'ils n'aiment jamais car ils n'aiment que ce qu'ils choisissent eux —

EMMA. Tu t'arranges pour être odieux à cinq minutes de ton départ, bravo.

AVNER. Je ne suis pas odieux, Emma. Je dis ce qui est.

*Il descend dans le jardin. Apparaît Suzanne, pantalon et pull en laine.*

SUZANNE. Comme il fait froid —

EMMA. Je suis transie.

*Monsieur Blensk se saisit en soufflant de la valise et du sac à chaussures et descend dans le jardin avec.*

EMMA. Qu'est-ce qu'il fait ?...

SUZANNE. Monsieur Blensk, pourquoi n'amenez-vous pas la voiture de l'autre côté ?...

BLENSK. Laissez, laissez... De cette façon je peux la faire chauffer sans polluer l'entrée.

*Il disparaît du côté de la route.*

EMMA *(à Avner)*. Tu pourrais l'aider quand même. Ce n'est pas ton valet.

AVNER. Il aime ça... il aime porter...

*Emma secoue la tête.*
*Arrive Balint.*

BALINT. Bonjour...

SUZANNE et EMMA. Bonjour.

*Dans le jardin Avner, dos tourné, contemple les montagnes.*
*Après un temps Suzanne descend les marches. Emma et Balint la suivent.*
*Avner se retourne vers eux.*

AVNER. Je pars. *(À Balint.)*... Vous m'enverrez L'Âge du fer ?

*Balint sourit. Ils se serrent la main.*
*Avner s'approche de Suzanne. Lui prend les mains et les porte à ses lèvres. L'adieu se passe sans rien dire.*
*Puis il va vers Emma et la prend dans ses bras.*

AVNER *(en l'embrassant)*. Le vert à Pablo...

EMMA. Non !...

*Avner rit.*
*Il prend sa mallette et part dans la direction de Blensk.*

*Celui-ci réapparaît débarrassé de la valise et du sac à chaussures.*

AVNER. On y va.

BLENSK *(aux autres).* À demain !

BALINT et EMMA. À demain...

*Petit signe d'Avner avant de disparaître.*
*Au dernier moment Ariane est apparue sous la véranda.*
*Une sorte d'engourdissement suit le départ d'Avner.*
*Après un temps.*

EMMA. Qu'allons-nous faire ? — *(Silence.)* Me coiffer.
M'habiller... *(En passant.)* Bonjour, Ariane...

*Elle rentre dans l'hôtel.*

SUZANNE. Tu es là ?

ARIANE. Oui, maman.

SUZANNE. Tu ne lui as pas dit au revoir ?

ARIANE. Si...

*Léger temps.*

SUZANNE. Pas très encourageant ce temps —...

ARIANE. Non —

SUZANNE. Ça va, chérie ?...

ARIANE. Oui —

SUZANNE. Ce départ m'a rendue triste, c'est idiot. Les
départs me rendent triste, toujours... *(Un temps.)*
Veux-tu... veux-tu que nous allions faire des courses
en ville ?... Je t'achète un pantalon si tu veux —

ARIANE. D'accord...

SUZANNE. Les magasins ouvrent dans une heure...
Partons dans une heure si tu veux ?...

ARIANE. D'accord maman...

*Un temps.*

SUZANNE. Bon... À tout à l'heure, nanouchette...

*À pas lents, elle rentre dans l'hôtel.*
*Ariane et Balint restent seuls.*
*Suit un long silence.*

BALINT. Tu n'as pas froid ?...

ARIANE. Si.

BALINT. Aujourd'hui est exactement comme j'imaginais la montagne.

ARIANE. Aujourd'hui tu peux me dire ce qu'hier je ne pouvais pas voir —

BALINT. Oui.

*Silence.*

ARIANE. Dis-le...

BALINT. Depuis que je t'ai rencontrée, Ariane, il y a six jours, je passe mes heures à te chercher là où tu n'es pas.
Tu es introuvable — *(Il sourit. Un temps.)* Je sais bien qu'on ne peut pas prendre au sérieux quelqu'un d'invariablement sinistre.
Et je sens quel homme je devrais être pour ne pas déplaire. Je le connais, tu sais, il m'accompagne, il est là, et jamais pourtant il ne devient moi.
Bien sûr il n'écrit pas un livre sur le premier âge du fer. Il sait qu'on n'écrit pas un livre sur le premier âge du fer, et lorsqu'il me voit, immobile, visage sérieux penché sur la table, il danse, lui, léger comme l'air, et tournoie autour des feuilles avec une crécelle... *(Silence.)*... Je me suis résigné à ce manque. Je m'y suis résigné. Et à la tristesse aussi je me suis résigné. Je la vois partout dans ces montagnes. Je me sens en compagnie ici.
Le vent est triste, la couleur des fleurs est triste, l'odeur du bois est triste...
Je marche dans les sentiers, quel que soit le temps personne ne me dit que je suis ennuyeux, que je suis laid, je marche, je respire, je marche, je vis ma

propre gloire, joie, mélancolie, chagrin sont très doux, protègent le cœur comme des pansements...
Quel ennui pour toi, ma pauvre Ariane...
J'ai appris que je t'aimais dans ces promenades — on visite des mondes où on n'est pas... J'ai laissé ce sentiment tranquillement m'envahir, parce que j'ai imaginé que tu pourrais y répondre — que tu avais saisi derrière l'apparence contraire l'être gracieux, le danseur...
Nous sommes samedi aujourd'hui... *(Un temps)* Quand j'étais petit, j'adorais le samedi... Je savais que tout l'après-midi je pourrais jouer dans ma chambre avec mes Japonais, mes Américains, j'avais une compagnie de camions...

*Il n'arrive pas à poursuivre.*
*Silence.*

ARIANE. Tu avais une compagnie de camions ?...

BALINT. Oui...

ARIANE. Raconte-moi...

BALINT. Je ne sais plus ce que je voulais dire... *(Silence.)* Je disais...

ARIANE. Oui ?

BALINT. Vers huit ans, tu sais, j'étais je crois un type assez exaltant...

*Il se brise. Elle a un geste vers lui, qu'il repousse.*

BALINT. Je me sens toujours un enfant, je ne sais pas avoir mon âge... J'ai disparu un jour, et je ne sais pas où je suis passé...

*Il fait quelques pas, incertains, dans le jardin, et s'arrête de dos, face aux montagnes.*
*Un long temps.*
*Le vent souffle et la clarté du jour est faible.*

ARIANE *(après un moment de silence, elle s'est approchée de lui)*. Tu as entendu le vent ?... J'aimerais être une brindille et qu'on m'arrache du sol...

171

Il y a un homme... un homme que j'attends, qui doit venir et me pulvériser...

Un homme qui viendrait s'asseoir près de moi, et aurait pour me rejoindre traversé... *(Un geste.)*... Je ne l'ai pas rencontré, jusqu'à ce jour... Tu n'es pas lui, Balint, mais tu n'es pas lui moins qu'un autre... Quelquefois il me semble le reconnaître, différent, usé, avec encore, pourtant, un soupçon d'allure... un reste de conquêtes... Il ne craint plus rien et se livre avec douleur à tous les plaisirs qui masquent le temps...

J'ai marché hier avec Avner...

Avner marchait devant moi... Il marche et je ne fais que le suivre.

Ainsi nous gravissons la montagne... Le jour verse de l'autre côté et il fait froid, je mets mon écharpe et mon anorak, il me dit « couvre-toi bien »...

Lui met un chapeau ridicule qu'il a acheté chez Hanselmann, je boutonne ma capuche — de quoi j'ai l'air, je m'en moque...

Être là, simplement avec cet homme, je ne veux rien d'autre... *(Silence.)* À Lenzsee, il convainc un paysan de nous ramener à Stratten.

Dans la voiture, ils parlent et à l'arrivée ils s'embrassent sans avoir compris un traître mot de ce que chacun disait... Avner trouve ce paysan formidable et le paysan aussi trouve Avner formidable... Je cours dans ma chambre, je vais me faire belle pour cette soirée et cette dernière nuit qui s'annonce...

*Silence.*

BALINT *(sans se retourner).* Et ensuite ?... Tu ne dis pas ce qui arrive ensuite.

ARIANE. Ensuite, je suis gaie, je suis comme tu m'as vue, éclatante de gaieté, ensuite nous dînons et ensuite ma gaieté s'envole... Il fait en sorte qu'elle s'envole... Après... j'appelle sa chambre, il dit « oui ? », je dis « Avner ? »... il dit « viens »... j'ai dit « je viens »... Le couloir, l'escalier, la porte de sa chambre... Je m'en vais mourir à moi-même, cet homme n'en sait rien... Demain il sera à Buenos Aires...

*Silence.*

BALINT. Il me semble... *(Il se retourne.)* Il me semble que je dois aller marcher un peu...
Je te remercie, Ariane.

*Il part.*
*Après un temps, Ariane rentre dans l'hôtel.*


8


*Fin d'après-midi. Le temps est toujours aussi gris.*
*Emma est sous la véranda, seule, dans une attitude un peu prostrée.*
*Arrive Suzanne, après un temps.*

SUZANNE. Que faites-vous ? Je vous cherchais.

EMMA. Il y a un moment, ma chère Suzanne, où la montagne devient haïssable, où l'âge vous tombe comme une charge sur le cœur. Si j'étais plus sportive, je creuserais ma tombe avec entrain.

SUZANNE. En attendant, si j'allais nous chercher, voyons... si je nous apportais une petite williamine ? Pour nous requinquer... À moins que vous ne vouliez rentrer.

EMMA. Non, non. J'ai passé l'après-midi à l'intérieur, ce feu de cheminée m'a abrutie.

SUZANNE. D'accord pour la williamine ?

EMMA. D'accord.

*Suzanne retourne dans l'hôtel et revient un instant plus tard avec un plateau qu'elle pose sur la table.*

EMMA. Des cakes aux noix !... Si vous avez de la sympathie pour moi, retirez-les de ma vue, savez-vous que j'ai pris quatre kilos depuis que je suis ici ?

SUZANNE *(qui remplit deux petits verres d'alcool de poire)*. Vous commencerez le régime demain ou à Paris. Ce n'est pas du tout un jour de régime aujourd'hui.

EMMA. Ce n'est jamais un jour de régime. Oh, et puis tant pis, vous avez raison, mangeons... *(Elle avale une bouchée de cake.)*... Mangeons, buvons... *(Elle boit.)*... Qu'est-ce que j'ai besoin de me surveiller ! Qui me regarde ? Qui s'intéresse à un chameau comme moi ?... *(Elle avale le cake et en prend un autre.)*... Accompagnez-moi au moins. Elle s'y connaît en pâtisseries, cette garce de Müller.

*Suzanne sourit et boit son verre d'un trait.*
*Un temps.*

SUZANNE. Il est dans l'avion à l'heure qu'il est...

EMMA. N'y pensons pas, c'est déprimant.

SUZANNE. Oui, c'est déprimant...

EMMA. Ah, vous aussi ?... Je me demande si ce n'est pas le départ d'Avner qui m'a déprimée. *(Silence.)* Dans le temps, mon père louait un chalet par là. Le soir, avant le dîner, nous nous allongions sur la terrasse, mon père ouvrait les portes et nous écoutions des mélodies de Brahms...
Je ne sais pas ce qui le retient à Buenos Aires. C'est un mystère... Vous êtes déprimée aussi ?

SUZANNE. Oui —

EMMA. À cause d'Avner ?

SUZANNE. Non... enfin si... Je ne sais pas...

EMMA. Je le verrais très bien avec une femme comme vous. Voilà ce qu'il lui faudrait. Ce n'est pas un homme heureux. Malgré sa gaieté. Quelqu'un comme vous le rendrait heureux...

SUZANNE (avec difficulté, après un léger temps). Il a peut-être quelqu'un à Buenos Aires...

EMMA. Peut-être. Oui, peut-être... (Elle reprend un cake.) De quoi ont-ils bien pu parler en voiture ?... C'est un croque-mort, ce Blensk !

SUZANNE. Nous n'allons pas recommencer —

EMMA. Non, ne recommençons pas... Quoiqu'il n'y ait plus de danger maintenant...

Elles rient, un peu honteuses de rire.

SUZANNE (elle se ressert un verre de poire). Encore ?

EMMA. Allez-y, allez-y... Ah, Suzanne, Suzanne, quel dommage que vous n'habitiez pas Paris ! Nous pourrions faire des tas de choses ensemble, nous irions... nous irions voir des expositions, nous irions au cinéma... nous jouerions au bridge... vous savez qu'au bridge nous ferions une équipe redoutable...

SUZANNE. C'est vrai...

EMMA. La vie est mal faite, nous passons à côté de tout. Nous vivons des restes de ce que nous avons manqué, et le temps s'écoule comme une pente lisse... (Elle boit.) En fin de compte, Avner aura été le seul homme de ma vie —

Silence.
Arrive Ariane.

ARIANE. J'ai un train demain soir, à vingt-deux heures...

EMMA. Tout le monde nous quitte si je comprends bien.

ARIANE. Balint a disparu. Il est parti ce matin et personne ne l'a revu.

SUZANNE. Où est-il parti ?

ARIANE. Se promener.

EMMA. Se promener par ce temps ?

ARIANE. En chaussures de ville...

SUZANNE. Qu'est-ce que ça veut dire ?

ARIANE. Je ne sais pas. Il est parti en chaussures de ville. On ne va pas se promener en chaussures de ville —

EMMA. On ne va pas se promener du tout si vous voulez mon avis. Qu'est-ce que vous voulez prouver tous à courir comme des possédés ?

ARIANE. J'aime votre voix, Emma... Elle est franche, elle est vivante...

*Elle se sert un verre de williamine et boit.*

EMMA. Dites que j'ai une voix tranchante, ne vous gênez pas.

ARIANE. Pas du tout, au contraire. Vous avez une voix très réconfortante...

EMMA. C'est bien la première fois qu'on me rend cet hommage. — C'est gentil.
Il est peut-être en ville, précisément.

ARIANE. On ne l'a pas vu ce matin en ville.

EMMA. Alors cet après-midi. Il a profité du mauvais temps pour faire des achats. Ce que j'aurais dû faire d'ailleurs.

ARIANE. Les magasins sont fermés depuis une heure.

EMMA. Ça ne m'étonne pas de ce garçon. C'est bien le genre à se volatiliser dans la nature.

ARIANE *(affolée)*. Vous croyez ?...

SUZANNE. Mais où peut-il être ?

ARIANE. C'est de ma faute —

SUZANNE. Explique-toi, chérie. Tu nous inquiètes inutilement.

176

ARIANE. Oh, puis après tout je m'en fiche... Si ça lui plaît de se foutre en l'air, tant pis pour lui. C'est un imbécile.

SUZANNE. Qu'est-ce que tu racontes ? Tu es folle ?

ARIANE. J'ai horreur de ces comportements de martyr. Quand ces types souffrent, la terre entière doit se morfondre.

SUZANNE. Tu es tellement excessive, nanouche...

ARIANE. Ne m'appelle pas nanouche, ça m'exaspère. Tu as vu de quoi j'ai l'air dans ce pantalon ? Pas de taille, j'ai rien. J'ai une taille superbe, on ne la voit pas. J'étais sûre qu'on faisait une folie d'acheter ce pantalon.

EMMA. Pourquoi dites-vous que c'est de votre faute ?

ARIANE. Enfin Emma, on ne part pas toute une journée gémir dans le brouillard parce qu'on s'est amouraché de quelqu'un à tort... Je le connais depuis six jours, c'est absurde. Et je peux vous jurer que je n'ai pas cherché particulièrement à lui plaire.

SUZANNE. J'apprécie beaucoup le « particulièrement ».

EMMA. Comment savez-vous qu'il gémit dans le brouillard ?

ARIANE. Parce que j'en suis sûre. Je le sens.

SUZANNE. Si tu le sens, c'est qu'il a des raisons de le faire.

ARIANE. Et voilà maman, toujours prête à m'accabler. Tu ne pourrais pas, maman, de temps en temps être injuste en ma faveur ? ! Je suis ta fille, tâche de t'en souvenir —

SUZANNE. C'est vrai qu'il m'arrive d'en douter. Tu fais bien de me le rappeler.

EMMA (à Ariane). Je l'ai observé en vous regardant... Il vous regarde avec innocence — avec étonnement presque, on dirait qu'il est charmé sans comprendre, le pauvre... *(Silence.)* Que faire ?... Buvons... À votre santé, ma chère Suzanne... À nos rires...

SUZANNE. À nos rires...

*Elles boivent.*
*Un temps.*

ARIANE. Il ne pleut plus —

SUZANNE. Tant mieux. On dirait même que ça se lève un peu par là-haut...

*Ariane descend dans le jardin.*

SUZANNE. Tu vas attraper froid !

EMMA. Ttt, ttt ! Il fait très doux ce soir. J'ai même chaud avec cette jaquette.

*Un temps.*

ARIANE. Venez voir... Venez voir...

*Emma et Suzanne la rejoignent. Ariane désigne les hauteurs rosées par le soleil couchant.*
*Toutes trois regardent vers le ciel.*
*Silence.*
*À la porte de la véranda apparaît Balint. Ses cheveux sont mouillés et en désordre. Il semble quelque peu exalté.*
*Lorsqu'il est sur les marches, Emma l'aperçoit.*

EMMA. Le voilà ! Il est là !...

*Silence.*

BALINT. Curieux accueil... Quelque chose ne va pas ?

EMMA. Mais d'où venez-vous ?

BALINT. D'où je viens ?... Mais d'en bas... de Stratten.

EMMA. Ah bon ?...

BALINT. En passant devant l'église ce matin, j'ai entendu de la musique... Je ne savais pas qu'on répétait le matin dans l'église... J'avais loué un vélo... À la gare on loue des vélos, mais la musique m'a harponné... Ça va, vous ?

EMMA *(après un regard vers Suzanne et Ariane)*. Nous, ça va... Ça va très bien... Mais vous, Balint, êtes-vous sûr de vous sentir tout à fait bien ?

BALINT. Léger comme l'air !... Je suis essoufflé, j'ai couru dans la côte à cause de la pluie... j'ai été — j'allais dire recueilli ! — invité chez un imprimeur, un Tessinois, un type qui organise des concerts de musique de chambre dans sa maison, les jeunes de la Camerata viennent répéter chez lui l'après-midi... Ariane, je t'ai rapporté... *(Il sort un rouleau de sa poche.)*... une gravure... tiens, c'est la chute du torrent de Lenzsee, tu reconnais ?... Tu reconnais ? Tu était là hier, avec Avner...

*Tous regardent la gravure.*
*Un temps.*

SUZANNE. Elle est très jolie cette gravure —

BALINT *(à Ariane)*. Elle te plaît ?...

ARIANE. Merci...

BALINT. Il a un Bösendorfer à queue le type, dans son salon, tu te rends compte !... À cinq heures, sa gouvernante nous a fait des crêpes...

*Un temps.*

SUZANNE. Nous étions inquiètes...

EMMA. Nous ne savions pas que vous aviez des relations dans le pays...

BALINT. Aucune, aucune. J'ai rencontré cet imprimeur à la répétition, il assistait à la répétition.

ARIANE. Nous sommes bien contentes que tu aies passé une si bonne journée

BALINT. Tu sais, elle était accrochée chez lui cette gravure. Au mur de l'entrée, elle n'était pas à vendre... Je lui ai dit que j'avais un souvenir... un souvenir avec une femme à cet endroit... *(Un temps.)* Dans un sens, c'était la vérité.

J'ai été rendu à moi-même aujourd'hui. C'est bien comme ça... J'ai même eu des idées pour Hallstatt, peut-être que je vais utiliser une forme plus... quelque chose de plus près... de plus vivant... enfin tant pis, je me comprends... mais j'ai bon espoir que ce soit...

EMMA. Tant mieux, tant mieux. Voilà une bonne nouvelle.

SUZANNE. Faites quelque chose qu'on puisse lire, qu'on ait envie de lire, nous...

EMMA. Nous les ignares.

BALINT. Oui — *(Silence.)*... J'ai pensé vous emmener toutes les trois au concert ce soir... J'ai acheté quatre billets...

*Il sort les tickets de sa poche.*

SUZANNE. Nous en avions déjà deux...

BALINT *(désemparé)*. Ah bon — ?

EMMA. Quelle importance ! Au diable les chiffres ronds, il vaut mieux avoir trop de places que pas du tout.

ARIANE. Je croyais que vous n'aimiez pas aller au concert.

EMMA. Eh bien pour une fois si, figurez-vous. Ce garçon a eu une intuition lumineuse. Si ce pauvre Avner le savait, il me tuerait.
Qu'est-ce qu'on joue ?

BALINT. Le *Stabat Mater* de Vivaldi.

EMMA. Ah oui. Merveille.

*Un instant de silence.*

ARIANE *(brusquement)*. Et si on allait, après le concert, au lieu de souper ici, si on allait quelque part, manger une fondue quelque part ?...

SUZANNE. Ou une raclette plutôt ?

ARIANE. Oui, une raclette.

EMMA. À Felden, c'est la meilleure raclette du pays.

ARIANE. Allons-y !... Allons-y, d'accord ?

BALINT. D'accord...

*Ariane va vers lui et l'embrasse sur la joue. Suzanne regarde Emma avec résignation.*

ARIANE. Bon, je vais me changer. *(Elle part et revient sur ses pas en courant.)* Maman, franchement dis-moi, tu ne crois pas que nous avons commis une erreur fatale avec ce pantalon ? Regarde-moi. Je ne peux pas le mettre ce soir... Balint, j'ai l'air énorme, non ?

BALINT. Non.

ARIANE. Tu n'es pas convaincu. Je crois que nous avons fait une erreur d'acheter ce pantalon. Et si je l'essayais avec une chemise longue ? Oui... Peut-être...

*Elle repart en courant.*

EMMA. Moi aussi je dois me changer. Ils ne m'ont pas vue depuis des siècles dans cette église, autant les subjuguer.
À tout à l'heure.

*Elle part.*
*Suzanne et Balint restent seuls.*
*Un temps.*

SUZANNE. Elle était vraiment inquiète de ne pas vous voir revenir...

*Balint hoche la tête. Il fait quelques pas.*
*Silence.*

SUZANNE. Vous lui avez fait plaisir avec cette gravure...

*Il sourit.*

*Elle s'approche de lui pour lui dire autre chose qu'elle ne parvient pas à exprimer. Lui, comme s'il avait compris, chasse l'idée d'un geste.*

BALINT. Quand part-elle ?

SUZANNE. Demain soir.

BALINT. Demain soir...

SUZANNE. Oui —

*Un temps.*

BALINT. Pourquoi êtes-vous si généreuse avec moi ?

SUZANNE. Comment suis-je ? Je suis généreuse — ?

BALINT. Pourquoi ?

SUZANNE. Je ne sais pas. *(Un temps.)* Ne sommes-nous pas... proches ? L'un et l'autre comptant sur le temps pour dissiper des lubies...

*Silence.*
*L'un après l'autre, ils rentrent dans l'hôtel.*

9

*Nuit.*
*Avner est seul dans le jardin. À côté de lui, sa valise. Après un temps, Blensk apparaît sous la véranda. Il porte le sac à chaussures.*

BLENSK. Tous partis au concert. Même madame Milstein. Monsieur Müller m'a dit « vous voyez bien qu'elle y va ! » J'ai dit « eh bien, tant mieux monsieur Müller, ce qui est différé n'est pas perdu ».

AVNER. Nous aurions pu y être.

BLENSK. Non.

AVNER. Avec un conducteur normal nous y serions. Et vous ne mesurez pas combien j'aime ce Vivaldi.

BLENSK. Ne revenons pas là-dessus, pour l'amour du Ciel. Chacun son rythme. Chacun son rythme.

AVNER *(il sourit)*. Chacun son rythme...

*Silence.*
*Avner est debout, immobile près de sa valise. Il regarde la nuit.*
*Blensk, un peu gêné, effectue quelques petits pas de contenance.*
*Il porte toujours le sac à chaussures.*

AVNER. J'ai un ami qui s'est acheté une maison au lac de... de... Trop bas. Trop plat. Folie de vieux, non ?

BLENSK. Au lac de Flizchten peut-être ?

AVNER. Ça suppose quand même un certain avenir, une maison...

BLENSK. Parce qu'il y a de très belles propriétés au lac de Flizchten.

AVNER. Ah bon ?

BLENSK. Et comment !

*Un temps.*

AVNER. Et si je m'installais ici ?

BLENSK. Ici ? !

AVNER. Qu'est-ce que vous faites avec ce sac ?

BLENSK. Oui... C'est idiot.

*Un temps.*

AVNER *(gentiment)* Posez-le !...

BLENSK. Oui...

*Silence.*
*Après quelques hésitations, Kurt Blensk parvient à poser le sac à chaussures près de la valise. Les mains libres, il paraît tout démuni.*

BLENSK *(après un temps)*. Vous voulez vivre ici ?

AVNER. C'est comment en novembre ?

BLENSK. Oh, c'est radieux. Novembre, enfin disons octobre, j'affirmerais presque que c'est notre meilleur mois.

AVNER. Oui ?...

BLENSK. Ah oui.

AVNER. Alors c'est bien.

BLENSK *(après un temps)*.... Non pas que ce sac me travaille, mais ne croyez-vous pas qu'on devrait rentrer les bagages ? Le sol est très humide ce soir.

AVNER. C'est ça que j'aime...

BLENSK. ... Je les rentre ?

*Silence.*
*Il prend les bagages et se dirige vers l'hôtel.*

AVNER. Hier soir, j'ai regardé tout ça avec les yeux de quelqu'un qui part... J'ai toujours voulu être ailleurs, toujours regardé les choses comme si je les traversais.
Savez-vous que dans ma vie j'ai passé des heures devant les atlas ?...
Il n'y avait pas de meilleur livre...
Nous ne sommes que d'une époque, mon pauvre Blensk, et d'à peine quelques lieux. Nous voulons tout connaître et nous sommes incapables de voir la fin des choses...
Qu'en pensez-vous, dites-moi ?... Est-ce qu'il y a une fin des choses ?... Vous avez été silencieux et patient. Et discret. Vous avez été mon ami aujourd'hui, Blensk, et je vous remercie... *(Silence.)* À Boltingen, dans ce garage aseptisé, il y avait un peu d'odeur de pluie, de sapin mouillé qui entrait... Je me suis retrouvé à Sinaia, allant à la scierie où nous allions avec Emma, poussant la brouette, emmitouflés

jusqu'à étouffer... Quelle raison ai-je de faire une chose plutôt qu'une autre...

Courir à Genève, me cramponner au dollar, en dépit des gémissements d'Ilzermeyer, supporter ce protestant lugubre, la sole sans esprit du Richmond...

Par le morne hasard du cours des choses, m'envoler pour Buenos Aires... Vous avez été pour un peu dans ma vie, Blensk, je trouve inouï que le sort m'ait assis dans votre tacot... Vous le plus équipé des hommes, vous qui avez tout, bidon, poire, balayette, antigel, antibrouillard, anti-tout, vous qui n'avez jamais dépassé le cinquante, qui m'avez obligé à me sangler, vous avez crevé comme le dernier des goys à Boltingen !... Vous avez fait que je respire cette odeur de Sinaia... L'odeur du sentier de la scierie... Odeur que je croyais perdue... Odeur des gambaderies, des bondissements, des sauts comme un fou... *(Silence.)* J'ai revu mon père, assis de dos, vieux déjà... Il louait un chalet par là-bas, vers Gratz... J'ai vu son crâne au sommet chauve, sa nuque... et ses petits cheveux gris coupés serrés, en petits fils d'un centimètre, très légèrement ondulés, très doux au toucher, vous ne pouvez pas vous figurer, Blensk, la douceur de ce tapis de petits cheveux... Ces petits cheveux gris étaient pour moi l'image même — de la bonté...

Il y a tellement de choses à dire sur la noblesse de cette coiffure... Il faut être sans défense, offert à l'usure... N'y accède pas qui veut. *(Un temps.)* Vous m'avez ramené sans rien dire, sans rien demander, vous avez été mon ami, Blensk. Dans ce garage, je n'ai pas trouvé de raison qui vaille de faire une chose plutôt qu'une autre...

Il me semble que la tristesse m'a saisi... et rappelé. *(Silence.)* Il y a longtemps, en Roumanie, j'avais un vieux livre sur le Transsibérien... Sur une page, il y avait deux photos de paysans l'une au-dessus de l'autre, un flûtiste et un cavalier, et on pouvait lire : « Entre ces deux images, tout l'infini des forêts... » Sur la page d'à côté, il y avait un paysage de hauts plateaux, avec une cabane, et la légende disait : « Passage d'hiver dans les monts Kingane... »

Je ne pouvais pas ouvrir ce livre à cet endroit sans que le froid ne me prenne. On pouvait distinguer des plaques de neige sur les herbes mortes et les forêts, j'y traçais des chemins pour le cavalier, et j'entendais résonner la flûte, la flûte, la flûte au-dessus des bois, moi-même j'étais le cavalier et je traversais l'hiver à l'infini...

*Sur la véranda les autres sont revenus et contemplent Avner.*

« ART »

« ART »
de Yasmina Reza

*a été créée le 28 octobre 1994*
*à la Comédie des Champs-Élysées (Paris)*

*Mise en scène :* Patrice Kerbrat
*Assistante à la mise en scène :* Anne Bourgeois
*Décor :* Édouard Laug
*Costumes :* Pascale Fournier
*Lumières :* Laurent Béal

*Distribution*

Marc : Pierre Vaneck
Serge : Fabrice Luchini
Yvan : Pierre Arditi

Production : Jacqueline Cormier

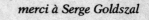

*merci à Serge Goldszal*

# PERSONNAGES

MARC
SERGE
YVAN

*Le salon d'un appartement.*
*Un seul décor. Le plus dépouillé, le plus neutre possible.*
*Les scènes se déroulent successivement chez Serge, Yvan et*
*Marc.*
*Rien ne change, sauf l'œuvre de peinture exposée.*

*Marc, seul.*

MARC. Mon ami Serge a acheté un tableau.
C'est une toile d'environ un mètre soixante sur un mètre vingt, peinte en blanc. Le fond est blanc et si on cligne des yeux, on peut apercevoir de fins liserés blancs transversaux.
Mon ami Serge est un ami depuis longtemps.
C'est un garçon qui a bien réussi, il est médecin dermatologue et il aime l'*art*.
Lundi, je suis allé voir le tableau que Serge avait acquis samedi mais qu'il convoitait depuis plusieurs mois.
Un tableau blanc, avec des liserés blancs.

*

*Chez Serge.*
*Posée à même le sol, une toile blanche, avec de fins liserés blancs transversaux.*
*Serge regarde, réjoui, son tableau.*
*Marc regarde le tableau.*
*Serge regarde Marc qui regarde le tableau.*

*Un long temps où tous les sentiments se traduisent sans mot.*

MARC. Cher ?

SERGE. Deux cent mille.

MARC. Deux cent mille ?...

SERGE. Handtington me le reprend à vingt-deux.

MARC. Qui est-ce ?

SERGE. Handtington ? !

MARC. Connais pas.

SERGE. Handtington ! La galerie Handtington !

MARC. La galerie Handtington te le reprend à vingt-deux ?...

SERGE. Non, pas la galerie. Lui. Handtington lui-même. Pour lui.

MARC. Et pourquoi ce n'est pas Handtington qui l'a acheté ?

SERGE. Parce que tous ces gens ont intérêt à vendre à des particuliers. Il faut que le marché circule.

MARC. Ouais...

SERGE. Alors ?

MARC....

SERGE. Tu n'es pas bien là. Regarde-le d'ici.
Tu aperçois les lignes ?

MARC. Comment s'appelle le...

SERGE. Peintre. Antrios.

MARC. Connu ?

SERGE. Très. Très !

*Un temps.*

MARC. Serge, tu n'as pas acheté ce tableau deux cent mille francs ?

SERGE. Mais mon vieux, c'est le prix. C'est un ANTRIOS !

MARC. Tu n'as pas acheté ce tableau deux cent mille francs !

SERGE. J'étais sûr que tu passerais à côté.

196

MARC. Tu as acheté cette merde deux cent mille francs ? !

*

*Serge, comme seul.*

SERGE. Mon ami Marc, qui est un garçon intelligent, garçon que j'estime depuis longtemps, belle situation, ingénieur dans l'aéronautique, fait partie de ces intellectuels, nouveaux, qui, non contents d'être ennemis de la modernité en tirent une vanité incompréhensible.
Il y a depuis peu, chez l'adepte du bon vieux temps, une arrogance vraiment stupéfiante.

*

*Les mêmes.*
*Même endroit.*
*Même tableau.*

SERGE *(après un temps)*... Comment peux-tu dire « cette merde » ?

MARC. Serge, un peu d'humour ! Ris !... Ris, vieux, c'est prodigieux que tu aies acheté ce tableau !

*Marc rit.*
*Serge reste de marbre.*

SERGE. Que tu trouves cet achat prodigieux tant mieux, que ça te fasse rire, bon, mais je voudrais savoir ce que tu entends par « cette merde ».

MARC. Tu te fous de moi !

SERGE. Pas du tout. « Cette merde » par rapport à quoi ? Quand on dit telle chose est une merde, c'est qu'on a un critère de valeur pour estimer cette chose.

MARC. À qui tu parles ? À qui tu parles en ce moment ? Hou hou !...

SERGE. Tu ne t'intéresses pas à la peinture contemporaine, tu ne t'y es jamais intéressé. Tu n'as aucune connaissance dans ce domaine, donc comment peux-tu affirmer que tel objet, obéissant à des lois que tu ignores, est une merde ?

MARC. C'est une merde. Excuse-moi.

\*

*Serge, seul.*

SERGE. Il n'aime pas le tableau.
Bon...
Aucune tendresse dans son attitude.
Aucun effort.
Aucune tendresse dans sa façon de condamner.
Un rire prétentieux, perfide.
Un rire qui sait tout mieux que tout le monde.
J'ai haï ce rire.

\*

*Marc, seul.*

MARC. Que Serge ait acheté ce tableau me dépasse, m'inquiète et provoque en moi une angoisse indéfinie. En sortant de chez lui, j'ai dû sucer trois granules de Gelsémium 9 CH que Paula m'a conseillé — entre parenthèses, elle m'a dit Gelsémium ou Ignatia ? tu préfères Gelsémium ou Ignatia ? est-ce que je sais moi ? ! — car je ne peux absolument pas comprendre comment Serge, qui est un ami, a pu acheter cette toile.
Deux cent mille francs !
Un garçon aisé mais qui ne roule pas sur l'or.
Aisé sans plus, aisé bon. Qui achète un tableau blanc vingt briques. Je dois m'en référer à Yvan qui est notre ami commun, en parler avec Yvan. Quoique Yvan est un garçon tolérant, ce qui en matière de relations humaines est le pire défaut.
Yvan est tolérant parce qu'il s'en fout.

Si Yvan tolère que Serge ait pu acheter une merde blanche vingt briques, c'est qu'il se fout de Serge. C'est clair.

*

*Chez Yvan.*

*Au mur, une croûte.*

*Yvan est de dos à quatre pattes.*
*Il semble chercher quelque chose sous un meuble.*
*Dans l'action, il se retourne pour se présenter.*

YVAN. Je m'appelle Yvan.
Je suis un peu tendu car après avoir passé ma vie dans le textile, je viens de trouver un emploi de représentant dans une papeterie en gros.
Je suis un garçon sympathique. Ma vie professionnelle a toujours été un échec et je vais me marier dans quinze jours avec une gentille fille brillante et de bonne famille.

*Entre Marc.*
*Yvan est à nouveau de dos en train de chercher.*

MARC. Qu'est-ce que tu fais ?

YVAN. Je cherche le capuchon de mon feutre.

*Un temps.*

MARC. Bon ça suffit.

YVAN. Je l'avais il y a cinq minutes.

MARC. Ce n'est pas grave.

YVAN. Si.

*Marc se baisse pour chercher avec lui.*
*Ils cherchent tous deux pendant un instant.*
*Marc se redresse.*

MARC. Arrête. Tu en achèteras un autre.

YVAN. Ce sont des feutres exceptionnels, tu peux dessiner sur toutes les matières avec... Ça m'énerve. Si tu savais comme les objets m'énervent. Je serrais ce capuchon, il y a cinq minutes.

MARC. Vous allez vous installer ici ?...

YVAN. Tu trouves bien pour un jeune couple ?

MARC. Un jeune couple ! Ah ! Ah !

YVAN. Évite ce rire devant Catherine.

MARC. La papeterie ?

YVAN. Bien. J'apprends.

MARC. Tu as maigri.

YVAN. Un peu. Ça m'emmerde de ne pas avoir trouvé ce capuchon, il va sécher maintenant. Assieds-toi.

MARC. Si tu continues à chercher ce capuchon, je m'en vais.

YVAN. OK, j'arrête. Tu veux boire quelque chose ?

MARC. Un Perrier, si tu as.
Tu as vu Serge ces derniers jours ?

YVAN. Pas vu. Et toi ?

MARC. Vu hier.

YVAN. En forme ?

MARC. Très.
Il vient de s'acheter un tableau.

YVAN. Ah bon ?

MARC. Mmm.

YVAN. Beau ?

MARC. Blanc.

YVAN. Blanc ?

MARC. Blanc.
Représente-toi une toile d'environ un mètre soixante sur un mètre vingt... fond blanc... entièrement blanc... en diagonale, de fines rayures transversales

blanches... tu vois... et peut-être une ligne horizontale blanche en complément, vers le bas...

YVAN. Comment tu les vois ?

MARC. Pardon ?

YVAN. Les lignes blanches. Puisque le fond est blanc, comment tu vois les lignes ?

MARC. Parce que je les vois. Parce que mettons que les lignes soient légèrement grises, ou l'inverse, enfin il y a des nuances dans le blanc ! Le blanc est plus ou moins blanc !

YVAN. Ne t'énerve pas. Pourquoi tu t'énerves ?

MARC. Tu cherches tout de suite la petite bête. Tu ne me laisses pas finir !

YVAN. Bon. Alors ?

MARC. Bon. Donc, tu vois le tableau.

YVAN. Je vois.

MARC. Maintenant tu vas deviner combien Serge l'a payé.

YVAN. Qui est le peintre ?

MARC. Antrios. Tu connais ?

YVAN. Non. Il est coté ?

MARC. J'étais sûr que tu poserais cette question !

YVAN. Logique...

MARC. Non, ce n'est pas logique...

YVAN. C'est logique, tu me demandes de deviner le prix, tu sais bien que le prix est en fonction de la cote du peintre...

MARC. Je ne te demande pas d'évaluer ce tableau en fonction de tel ou tel critère, je ne te demande pas une évaluation professionnelle, je te demande ce que toi Yvan, tu donnerais pour un tableau blanc agrémenté de quelques rayures transversales blanc cassé.

YVAN. Zéro centime.

MARC. Bien. Et Serge ? Articule un chiffre au hasard.

YVAN. Dix mille.

MARC. Ah ! ah !

YVAN. Cinquante mille.

MARC. Ah ! ah !

YVAN. Cent mille...

MARC. Vas-y...

YVAN. Quinze.... Vingt ? !...

MARC. Vingt. Vingt briques.

YVAN. Non ? !

MARC. Si.

YVAN. Vingt briques ? ?!

MARC. ... Vingt briques.

YVAN. ... Il est dingue !...

MARC. N'est-ce pas ?

*Léger temps.*

YVAN. Remarque...

MARC. ... Remarque quoi ?

YVAN. Si ça lui fait plaisir... Il gagne bien sa vie...

MARC. C'est comme ça que tu vois les choses, toi.

YVAN. Pourquoi ? Tu les vois comment, toi ?

MARC. Tu ne vois pas ce qui est grave là-dedans ?

YVAN. Heu... Non...

MARC. C'est curieux que tu ne voies pas l'essentiel dans cette histoire. Tu ne perçois que l'extérieur. Tu ne vois pas ce qui est grave.

YVAN. Qu'est-ce qui est grave ?

MARC. Tu ne vois pas ce que ça traduit ?

YVAN. ... Tu veux des noix de cajou ?

MARC. Tu ne vois pas que subitement, de la façon la plus grotesque qui soit, Serge se prend pour un « collectionneur ».

YVAN. Hun, hun...

MARC. Désormais, notre ami Serge fait partie du Gotha des grands amateurs d'art.

YVAN. Mais non !...

MARC. Bien sûr que non. À ce prix-là, on ne fait partie de rien, Yvan. Mais lui, le croit.

YVAN. Ah oui....

MARC. Ça ne te gêne pas ?

YVAN. Non. Si ça lui fait plaisir.

MARC. Qu'est-ce que ça veut dire, si ça lui fait plaisir ? ! Qu'est-ce que c'est que cette philosophie du *si ça lui fait plaisir* ? !

YVAN. Dès l'instant qu'il n'y a pas de préjudice pour autrui...

MARC. Mais il y a un préjudice pour autrui ! Moi je suis perturbé mon vieux, je suis perturbé et je suis même blessé, si, si, de voir Serge, que j'aime, se laisser plumer par snobisme et ne plus avoir un gramme de discernement.

YVAN. Tu as l'air de le découvrir. Il a toujours hanté les galeries de manière ridicule, il a toujours été un rat d'exposition...

MARC. Il a toujours été un rat mais un rat avec qui on pouvait rire. Car vois-tu, au fond, ce qui me blesse réellement, c'est qu'on ne peut plus rire avec lui.

YVAN. Mais si !

MARC. Non !

YVAN. Tu as essayé ?

MARC. Bien sûr. J'ai ri. De bon cœur. Que voulais-tu que je fasse ? Il n'a pas desserré les dents. Vingt briques, c'est un peu cher pour rire, remarque.

YVAN. Oui.
*(Ils rient.)*
Avec moi, il rira.

MARC. M'étonnerait. Donne encore des noix.

YVAN. Il rira, tu verras.

\*

*Chez Serge.*

*Serge est avec Yvan. On ne voit pas le tableau.*

SERGE... Et avec les beaux-parents, bons rapports ?

YVAN. Excellents. Ils se disent c'est un garçon qui a été d'emploi précaire en emploi précaire, maintenant il va tâtonner dans le vélin... J'ai un truc sur la main là, c'est quoi ?....
*(Serge l'ausculte.)*... C'est grave ?

SERGE. Non.

YVAN. Tant mieux. Quoi de neuf ?...

SERGE. Rien. Beaucoup de travail. Fatigué.
Ça me fait plaisir de te voir. Tu ne m'appelles jamais.

YVAN. Je n'ose pas te déranger.

SERGE. Tu plaisantes. Tu laisses ton nom à la secrétaire et je te rappelle tout de suite.

YVAN. Tu as raison.
De plus en plus monacal chez toi...

SERGE *(il rit)* Oui !...
Tu as vu Marc récemment ?

YVAN. Non, pas récemment.
Tu l'as vu toi ?

SERGE. Il y a deux, trois jours.

YVAN. Il va bien ?

SERGE. Oui. Sans plus.

YVAN. Ah bon ? !

SERGE. Non, mais il va bien.

YVAN. Je l'ai eu au téléphone il y a une semaine, il avait l'air bien.

SERGE. Oui, oui, il va bien.

YVAN. Tu avais l'air de dire qu'il n'allait pas très bien.

SERGE. Pas du tout, je t'ai dit qu'il allait bien.

YVAN. Tu as dit, sans plus.

SERGE. Oui, sans plus. Mais il va bien.

*Un long temps.*
*Yvan erre dans la pièce...*

YVAN. Tu es sorti un peu ? Tu as vu des choses ?

SERGE. Rien. Je n'ai plus les moyens de sortir.

YVAN. Ah bon ?

SERGE *(gaiement)*. Je suis ruiné.

YVAN. Ah bon ?

SERGE. Tu veux voir quelque chose de rare ? Tu veux ?

YVAN. Et comment ! Montre !

*Serge sort et revient dans la pièce avec l'Antrios qu'il retourne et dispose devant Yvan.*

*Yvan regarde le tableau et curieusement ne parvient pas à rire de bon cœur comme il l'avait prévu.*

*Après un long temps où Yvan observe le tableau et où Serge observe Yvan.*

YVAN. Ah oui. Oui, oui.

SERGE. Antrios.

YVAN. Oui, oui.

SERGE. Antrios des années soixante-dix. Attention. Il a une période similaire aujourd'hui, mais celui-là c'est un de soixante-dix.

YVAN. Oui, oui.
Cher ?

SERGE. Dans l'absolu, oui. En réalité, non.
Il te plaît ?

YVAN. Ah oui, oui, oui.

SERGE. Évident.

YVAN. Évident, oui... Oui... Et en même temps...

SERGE. Magnétique.

YVAN. Mmm... Oui...

SERGE. Et là, tu n'as pas la vibration.

YVAN. ... Un peu...

SERGE. Non, non. Il faudrait que tu viennes à midi. La vibration du monochrome, on ne l'a pas en lumière artificielle.

YVAN. Hun, hun.

SERGE. Encore qu'on ne soit pas dans le monochrome !

YVAN. Non !...
Combien ?

SERGE. Deux cent mille.

YVAN. ... Eh oui.

SERGE. Eh oui.

*Silence.*
*Subitement Serge éclate de rire, aussitôt suivi par Yvan.*
*Tous deux s'esclaffent de très bon cœur.*

206

SERGE. Dingue, non ?

YVAN. Dingue !

SERGE. Vingt briques !

*Ils rient de très bon cœur.*
*S'arrêtent. Se regardent.*
*Repartent.*
*Puis s'arrêtent.*
*Une fois calmés :*

SERGE. Tu sais que Marc a vu ce tableau.

YVAN. Ah bon ?

SERGE. Atterré.

YVAN. Ah bon ?

SERGE. Il m'a dit que c'était une merde. Terme complètement inapproprié.

YVAN. C'est juste.

SERGE. On ne peut pas dire que c'est une merde.

YVAN. Non.

SERGE. On peut dire, je ne vois pas, je ne saisis pas, on ne peut pas dire « c'est une merde ».

YVAN. Tu as vu chez lui.

SERGE. Rien à voir.
Chez toi aussi c'est... enfin je veux dire, tu t'en fous.

YVAN. Lui c'est un garçon classique, c'est un homme classique, comment veux-tu...

SERGE. Il s'est mis à rire d'une manière sardonique. Sans l'ombre d'un charme... Sans l'ombre d'un humour.

YVAN. Tu ne vas pas découvrir aujourd'hui que Marc est impulsif.

SERGE. Il n'a pas d'humour. Avec toi, je ris. Avec lui, je suis glacé.

YVAN. Il est un peu sombre en ce moment, c'est vrai.

SERGE. Je ne lui reproche pas de ne pas être sensible à cette peinture, il n'a pas l'éducation pour, il y a tout un apprentissage qu'il n'a pas fait, parce qu'il n'a jamais voulu le faire ou parce qu'il n'avait pas de penchant particulier, peu importe, ce que je lui reproche c'est son ton, sa suffisance, son absence de tact.
Je lui reproche son indélicatesse. Je ne lui reproche pas de ne pas s'intéresser à l'Art contemporain, je m'en fous, je l'aime au-delà...

YVAN. Lui aussi !...

SERGE. Non, non, non, non, j'ai senti chez lui l'autre jour une sorte... une sorte de condescendance... de raillerie aigre...

YVAN. Mais non !

SERGE. Mais si ! Ne sois pas toujours à essayer d'aplanir les choses. Cesse de vouloir être le grand réconciliateur du genre humain ! Admets que Marc se nécrose. Car Marc se nécrose.

*Silence.*

\*

*Chez Marc.*

*Au mur, un tableau figuratif représentant un paysage vu d'une fenêtre.*

YVAN. On a ri.

MARC. Tu as ri ?

YVAN. On a ri. Tous les deux. On a ri. Je te le jure sur la tête de Catherine, on a ri ensemble tous les deux.

MARC. Tu lui as dit que c'était une merde et vous avez ri.

YVAN. Non, je ne lui ai pas dit que c'était une merde, on a ri spontanément.

MARC. Tu es arrivé, tu as vu le tableau et tu as ri. Et lui a ri aussi.

YVAN. Oui. Si tu veux. Après deux, trois mots c'est comme ça que ça s'est passé.

MARC. Et il a ri de bon cœur.

YVAN. De très bon cœur.

MARC. Eh bien tu vois je me suis trompé. Tant mieux. Tu me rassures, vraiment.

YVAN. Et je vais même te dire mieux. C'est Serge qui a ri le premier.

MARC. C'est Serge qui a ri le premier...

YVAN. Oui.

MARC. Il a ri et toi tu as ri après.

YVAN. Oui.

MARC. Mais lui, pourquoi il a ri ?

YVAN. Il a ri parce qu'il a senti que j'allais rire. Il a ri pour me mettre à l'aise, si tu veux.

MARC. Ça ne vaut rien s'il a ri en premier.
S'il a ri en premier, c'est pour désamorcer ton rire.
Ça ne signifie pas qu'il riait de bon cœur.

YVAN. Il riait de bon cœur.

MARC. Il riait de bon cœur mais pas pour la bonne raison.

YVAN. C'est quoi déjà la bonne raison ? J'ai un trouble.

MARC. Il ne riait pas du ridicule de son tableau, vous ne riiez pas lui et toi pour les mêmes raisons, toi tu riais du tableau et lui riait pour te plaire, pour se mettre à ton diapason, pour te montrer qu'en plus d'être un esthète qui peut investir sur un tableau ce que tu ne gagnes pas toi en un an, il reste ton vieux pote iconoclaste avec qui on se marre.

YVAN. Hun, hun... *(Un petit silence.)* Tu sais...

MARC. Oui...

YVAN. Tu vas être étonné...

MARC. Oui...

YVAN. Je n'ai pas aimé... mais je n'ai pas détesté ce tableau.

MARC. Bien sûr. On ne peut pas détester l'invisible, on ne déteste pas le rien.

YVAN. Non, non, il y a quelque chose...

MARC. Qu'est-ce qu'il y a ?

YVAN. Il y a quelque chose. Ce n'est pas rien.

MARC. Tu plaisantes ?

YVAN. Je ne suis pas aussi sévère que toi. C'est une œuvre, il y a une pensée derrière ça.

MARC. Une pensée !

YVAN. Une pensée.

MARC. Et quelle pensée ?

YVAN. C'est l'accomplissement d'un cheminement...

MARC. Ah ! ah ! ah !

YVAN. Ce n'est pas un tableau fait par hasard, c'est une œuvre qui s'inscrit à l'intérieur d'un parcours...

MARC. Ah ! ah ! ah !

YVAN. Ris. Ris.

MARC. Tu répètes toutes les conneries de Serge ! Chez lui, c'est navrant mais chez toi, c'est d'un comique !

YVAN. Tu sais Marc, tu devrais te méfier de ta suffisance. Tu deviens aigri et antipathique.

MARC. Tant mieux. Plus je vais, plus je souhaite déplaire.

YVAN. Bravo.

MARC. Une pensée !

YVAN. On ne peut pas parler avec toi.

MARC. ... Une pensée derrière ça !... Ce que tu vois est une merde mais rassure-toi, rassure-toi, il y a une pensée derrière !... Tu crois qu'il y a une pensée derrière ce paysage ?... *(Il désigne le tableau accroché chez lui.)*... Non, hein ? Trop évocateur. Trop dit. Tout est sur la toile ! Il ne peut pas y avoir de pensée !...

YVAN. Tu t'amuses, c'est bien.

MARC. Yvan, exprime-toi en ton nom. Dis-moi les choses comme tu les ressens, toi.

YVAN. Je ressens une vibration.

MARC. Tu ressens une vibration ?...

YVAN. Tu nies que je puisse apprécier en mon nom ce tableau !

MARC. Évidemment.

YVAN. Et pourquoi ?

MARC. Parce que je te connais. Parce que outre tes égarements d'indulgence, tu es un garçon sain.

YVAN. On ne peut pas en dire autant te concernant.

MARC. Yvan, regarde-moi dans les yeux.

YVAN. Je te regarde.

MARC. Tu es ému par le tableau de Serge ?

YVAN. Non.

MARC. Réponds-moi. Demain, tu épouses Catherine et tu reçois en cadeau de mariage ce tableau. Tu es content ?
Tu es content ?...

*

*Yvan, seul.*

YVAN. Bien sûr que je ne suis pas content. Je ne suis pas content mais d'une manière générale, je ne suis pas un garçon qui peut dire, je suis content.
Je cherche... je cherche un événement dont je pourrais dire, de ça je suis content... Es-tu content de te marier ? m'a dit un jour bêtement ma mère, es-tu seulement content de te marier ?... Sûrement, sûrement maman...
Comment ça sûrement ? On est content ou on n'est pas content, que signifie sûrement ?...

*

*Serge, seul.*

SERGE. Pour moi, il n'est pas blanc.
Quand je dis pour moi, je veux dire objectivement.
Objectivement, il n'est pas blanc.
Il a un fond blanc, avec toute une peinture dans les gris...
Il y a même du rouge.
On peut dire qu'il est très pâle.
Il serait blanc, il ne me plairait pas.
Marc le voit blanc... C'est sa limite...
Marc le voit blanc parce qu'il s'est enferré dans l'idée qu'il était blanc.
Yvan, non. Yvan voit qu'il n'est pas blanc.
Marc peut penser ce qu'il veut, je l'emmerde.

*

*Marc, seul.*

MARC. J'aurais dû prendre Ignatia, manifestement.
Pourquoi faut-il que je sois tellement catégorique ? !
Qu'est-ce que ça peut me faire, au fond, que Serge se laisse berner par l'Art contemporain ?...
Si, c'est grave. Mais j'aurais pu le lui dire autrement.
Trouver un ton plus conciliant.
Si je ne supporte pas, physiquement, que mon meilleur

ami achète un tableau blanc, je dois au contraire éviter de l'agresser. Je dois lui parler gentiment.
Dorénavant, je vais lui dire gentiment les choses...

*

*Chez Serge.*

SERGE. Tu es prêt à rire ?

MARC. Dis.

SERGE. Yvan a aimé l'Antrios.

MARC. Où est-il ?

SERGE. Yvan ?

MARC. L'Antrios.

SERGE. Tu veux le revoir ?

MARC. Montre-le.

SERGE. Je savais que tu y viendrais !...
*(Il part et revient avec le tableau. Un petit silence de contemplation.)*
Yvan a capté. Tout de suite.

MARC. Hun, hun...

SERGE. Bon, écoute, on ne va pas s'appesantir sur cette œuvre, la vie est brève... Au fait as-tu lu ça ? *(Il se saisit de* La Vie heureuse *de Sénèque et le jette sur la table basse juste devant Marc.)* Lis-le, chef-d'œuvre.

*Marc prend le livre, l'ouvre et le feuillette.*

SERGE. Modernissime. Tu lis ça, tu n'as plus besoin de lire autre chose. Entre le cabinet, l'hôpital, Françoise qui a décrété que je devais voir les enfants tous les week-ends — nouveauté de Françoise, les enfants ont besoin de leur père — je n'ai plus le temps de lire. Je suis obligé d'aller à l'essentiel.

MARC. ... Comme en peinture finalement... Où tu as avantageusement éliminé forme et couleur. Ces deux scories.

213

SERGE. Oui... Encore que je puisse aussi apprécier une peinture plus figurative. Par exemple ton hypo-flamand. Très agréable.

MARC. Qu'est-ce qu'il a de flamand ? C'est une vue de Carcassonne.

SERGE. Oui, mais enfin... il a un petit goût flamand... la fenêtre, la vue, le... peu importe, il est très joli.

MARC. Il ne vaut rien, tu sais.

SERGE. Ça, on s'en fout !... D'ailleurs, Dieu seul sait combien vaudra un jour l'Antrios !...

MARC. ... Tu sais, j'ai réfléchi. J'ai réfléchi et j'ai changé de point de vue. L'autre jour en conduisant dans Paris, je pensais à toi et je me suis dit : Est-ce qu'il n'y a pas, au fond, une véritable poésie dans l'acte de Serge ?... Est-ce que s'être livré à cet achat incohérent n'est pas un acte hautement poétique ?

SERGE. Comme tu es doux aujourd'hui ! Je ne te reconnais pas.
Tu as pris un petit ton suave, subalterne, qui ne te va pas du tout d'ailleurs.

MARC. Non, non, je t'assure, je fais amende hono-rable.

SERGE. Amende honorable pourquoi ?

MARC. Je suis trop épidermique, je suis trop nerveux, je vois les choses au premier degré... Je manque de sagesse, si tu veux.

SERGE. Lis Sénèque.

MARC. Tiens. Tu vois, par exemple là, tu me dis « lis Sénèque » et ça pourrait m'exaspérer. Je serais capable d'être exaspéré par le fait que toi, dans cette conversation, tu me dises « lis Sénèque ». C'est absurde !

SERGE. Non. Non, ce n'est pas absurde.

MARC. Ah bon ? !

SERGE. Non, parce que tu crois déceler...

MARC. Je n'ai pas dit que j'étais exaspéré...

SERGE. Tu as dit que tu pourrais...

MARC. Oui, oui, que je pourrais...

SERGE. Que tu pourrais être exaspéré, et je le comprends. Parce que dans le « lis Sénèque », tu crois déceler une suffisance de ma part. Tu me dis que tu manques de sagesse et moi je te réponds « lis Sénèque », c'est odieux !

MARC. N'est-ce pas !

SERGE. Ceci dit, c'est vrai que tu manques de sagesse, car je n'ai pas dit « lis Sénèque » mais « lis Sénèque ! ».

MARC. C'est juste. C'est juste.

SERGE. En fait, tu manques d'humour, tout bêtement.

MARC. Sûrement.

SERGE. Tu manques d'humour Marc. Tu manques d'humour pour de vrai mon vieux. On est tombé d'accord là-dessus avec Yvan l'autre jour, tu manques d'humour. Qu'est-ce qu'il fout celui-là ? Incapable d'être à l'heure, c'est infernal ! On a raté la séance !

MARC. ... Yvan trouve que je manque d'humour ?...

SERGE. Yvan dit comme moi, que ces derniers temps, tu manques un peu d'humour.

MARC. La dernière fois que vous vous êtes vus, Yvan t'a dit qu'il aimait beaucoup ton tableau et que je manquais d'humour...

SERGE. Ah oui, oui, ça, le tableau, beaucoup, vraiment. Et sincèrement... Qu'est-ce que tu manges ?

MARC. Ignatia.

SERGE. Tu crois à l'homéopathie maintenant.

MARC. Je ne crois à rien.

SERGE. Tu ne trouves pas qu'Yvan a beaucoup maigri ?

MARC. Elle aussi.

SERGE. Ça les ronge ce mariage.

MARC. Oui.

*Ils rient.*

SERGE. Paula, ça va ?

MARC. Ça va. *(Désignant l'Antrios.)* Tu vas le mettre où ?

SERGE. Pas décidé encore. Là. Là ?... Trop ostentatoire.

MARC. Tu vas l'encadrer ?

SERGE *(riant gentiment)*. Non !... Non, non...

MARC. Pourquoi ?

SERGE. Ça ne s'encadre pas.

MARC. Ah bon ?

SERGE. Volonté de l'artiste. Ça ne doit pas être arrêté. Il y a un entourage...

*(Il fait signe à Marc de venir observer la tranche.)* Viens voir... Tu vois...

MARC. C'est du sparadrap ?

SERGE. Non, c'est une sorte de kraft... Confectionné par l'artiste.

MARC. C'est amusant que tu dises l'artiste.

SERGE. Tu veux que je dise quoi ?

MARC. Tu dis l'artiste, tu pourrais dire le peintre ou... comment il s'appelle... Antrios...

SERGE. Oui... ?

MARC. Tu dis l'artiste comme une sorte de... enfin bref, ça n'a pas d'importance. Qu'est-ce qu'on voit ?

Essayons de voir quelque chose de consistant pour une fois.

SERGE. Il est huit heures. On a raté toutes les séances. C'est inimaginable que ce garçon — il n'a rien à foutre, tu es d'accord — soit continuellement en retard ! Qu'est-ce qu'il fout ? !

MARC. Allons dîner.

SERGE. Oui. Huit heures cinq. On avait rendez-vous entre sept et sept heures et demie... Tu voulais dire quoi ? Je dis l'artiste comme quoi ?

MARC. Rien. J'allais dire une connerie.

SERGE. Non, non, dis.

MARC. Tu dis l'artiste comme une... comme une entité intouchable. L'artiste... Une sorte de divinité...

SERGE (il rit). Mais pour moi, c'est une divinité ! Tu ne crois pas que j'aurais claqué cette fortune pour un vulgaire mortel !...

MARC. Bien sûr.

SERGE. Lundi, je suis allé à Beaubourg, tu sais combien il y a d'Antrios à Beaubourg ?... Trois ! Trois Antrios !... À Beaubourg !

MARC. Épatant.

SERGE. Et le mien n'est pas moins beau !...
Écoute, je te propose quelque chose, si Yvan n'est pas là dans exactement trois minutes, on fout le camp. J'ai découvert un excellent lyonnais.

MARC. Pourquoi tu es à cran comme ça ?

SERGE. Je ne suis pas à cran.

MARC. Si, tu es à cran.

SERGE. Je ne suis pas à cran, enfin si, je suis à cran parce que c'est inadmissible ce laxisme, cette incapacité à la contrainte !

MARC. En fait, je t'énerve et tu te venges sur le pauvre Yvan.

SERGE. Le pauvre Yvan, tu te fous de moi ! Tu ne m'énerves pas, pourquoi tu m'énerverais ?

\*

SERGE. Il m'énerve. C'est vrai.
Il m'énerve.
Il a un petit ton douceâtre. Un petit sourire entendu derrière chaque mot.
On a l'impression qu'il s'efforce de rester aimable. Ne reste pas aimable, mon petit vieux ! Ne reste pas aimable. Surtout !
Serait-ce l'achat de l'Antrios ?... L'achat de l'Antrios qui aurait déclenché cette gêne entre nous ?... Un achat... qui n'aurait pas eu sa caution ?...
Mais je me fous de sa caution ! Je me fous de ta caution, Marc !...

\*

MARC. Serait-ce l'Antrios, l'achat de l'Antrios ?...
Non —
Le mal vient de plus loin...
Il vient très précisément de ce jour où tu as prononcé, sans humour, parlant d'un objet d'art, le mot *déconstruction*.
Ce n'est pas tant le terme de déconstruction qui m'a bouleversé que la gravité avec laquelle tu l'as proféré.
Tu as dit sérieusement, sans distance, sans un soupçon d'ironie, le mot *déconstruction*, toi, mon ami.
Ne sachant comment affronter cette situation j'ai lancé que je devenais misanthrope et tu m'as rétorqué, mais qui es-tu ? D'où parles-tu ?...
D'où es-tu en mesure de t'exclure des autres ? m'a rétorqué Serge de la manière la plus infernale. Et la plus inattendue de sa part... Qui es-tu mon petit Marc pour t'estimer supérieur ?
...

Ce jour-là, j'aurais dû lui envoyer mon poing dans la gueule.

Et lorsqu'il aurait été gisant au sol, moitié mort, lui dire, et toi, qui es-tu comme ami, quelle sorte d'ami es-tu Serge, qui n'estime pas son ami supérieur ?

*

*Chez Serge.*
*Marc et Serge, comme on les a laissés.*

MARC. Un lyonnais, tu as dit. Lourd, non ? Un peu gras, saucisses... tu crois ?

*On sonne à la porte.*

SERGE. Huit heures douze.

*Serge va ouvrir à Yvan.*
*Yvan pénètre en parlant dans la pièce.*

YVAN. Alors dramatique, problème insoluble, dramatique, les deux belles-mères veulent figurer sur le carton d'invitation. Catherine adore sa belle-mère qui l'a quasiment élevée, elle la veut sur le carton, elle la veut, la belle-mère n'envisage pas, et c'est normal, la mère est morte, de ne pas figurer à côté du père, moi je hais la mienne, il est hors de question que ma belle-mère figure sur ce carton, mon père ne veut pas y être si elle n'y est pas, à moins que la belle-mère de Catherine n'y soit pas non plus, ce qui est rigoureusement impossible, j'ai suggéré qu'aucun parent n'y soit, après tout nous n'avons plus vingt ans, nous pouvons présenter notre union et inviter les gens nous-mêmes, Catherine a hurlé, arguant que c'était une gifle pour ses parents qui payaient, prix d'or, la réception et spécifiquement pour sa belle-mère qui s'était donné tant de mal alors qu'elle n'était même pas sa fille, je finis par me laisser convaincre, totalement contre mon gré mais par épuisement, j'accepte donc que ma belle-mère que je hais, qui est une salope, figure sur le carton, je téléphone à ma mère pour la prévenir, je lui dis maman, j'ai tout fait pour éviter ça mais nous ne pouvons pas faire autrement,

Yvonne doit figurer sur le carton, elle me répond si Yvonne figure sur le carton, je ne veux pas y être, je lui dis maman, je t'en supplie n'envenime pas les choses, elle me dit comment oses-tu me proposer que mon nom flotte, solitaire sur le papier, comme celui d'une femme abandonnée, au-dessous de celui d'Yvonne solidement amarré au patronyme de ton père, je lui dis maman, des amis m'attendent, je vais raccrocher, nous parlerons de tout ça demain à tête reposée, elle me dit et pourquoi je suis toujours la dernière roue du carrosse, comment ça maman, tu n'es pas la dernière roue du carrosse, bien sûr que si, quand tu me dis n'envenime pas les choses, ça veut bien dire que les choses sont déjà là, tout s'organise sans moi, tout se trame derrière mon dos, la brave Huguette doit dire amen à tout et j'ajoute, me dit-elle — le clou —, pour un événement dont je n'ai pas encore saisi l'urgence, maman, des amis m'attendent, oui, oui, tu as toujours mieux à faire tout est plus important que moi, au revoir, elle raccroche, Catherine, qui était à côté de moi, mais qui ne l'avait pas entendue, me dit, qu'est-ce qu'elle dit, je lui dis, elle ne veut pas être sur le carton avec Yvonne et c'est normal, je ne parle pas de ça, qu'est-ce qu'elle dit sur le mariage, rien, tu mens, mais non Cathy je te jure, elle ne veut pas être sur le carton avec Yvonne, rappelle-la et dis-lui que quand on marie son fils, on met son amour-propre de côté, tu pourrais dire la même chose à ta belle-mère, ça n'a rien à voir, s'écrie Catherine, c'est moi, moi, qui tiens absolument à sa présence, pas elle, la pauvre, la délicatesse même, si elle savait les problèmes que ça engendre, elle me supplierait de ne pas être sur le carton, rappelle ta mère, je la rappelle, en surtension, Catherine à l'écouteur, Yvan, me dit ma mère, tu as jusqu'à présent mené ta barque de la manière la plus chaotique qui soit et parce que, subitement, tu entreprends de développer une activité conjugale, je me trouve dans l'obligation de passer un après-midi et une soirée avec ton père, un homme que je ne vois plus depuis dix-sept ans et à qui je ne comptais pas exposer mes bajoues et mon embonpoint, et avec Yvonne qui, je te le signale en passant, a trouvé moyen, je l'ai su par Félix Perolari, de se mettre au bridge — ma mère aussi joue au bridge — tout ça je ne peux pas l'éviter, mais le carton, l'objet par excellence, que tout le monde va recevoir et étudier, j'entends m'y pavaner seule, à l'écouteur, Catherine secoue la tête avec un rictus de dégoût, je dis maman, pourquoi es-tu si égoïste, je ne suis pas égoïste, je ne suis pas égoïste Yvan, tu ne vas pas t'y mettre toi aussi et me dire comme madame Roméro ce matin que j'ai un cœur de pierre, que dans la famille, nous avons tous une pierre à la place du cœur, dixit madame Roméro ce matin parce que j'ai refusé — elle est devenue complètement folle — de la passer à soixante francs de l'heure non déclarée, et qui trouve le moyen de me dire que nous avons tous une pierre à la place du cœur dans la famille, quand on vient de mettre un pacemaker au pauvre André, à qui tu n'as même pas envoyé un petit mot, oui bien sûr c'est drôle, toi tout te fait rire, ce n'est pas moi qui suis égoïste Yvan, tu as encore beaucoup de choses à apprendre de la vie, allez mon petit, file, file rejoindre tes chers amis...

*Silence.*

SERGE. Et alors ?...

YVAN. Et alors, rien. Rien n'est résolu. J'ai raccroché. Minidrame avec Catherine. Écourté parce que j'étais en retard.

MARC. Pourquoi tu te laisses emmerder par toutes ces bonnes femmes ?

YVAN. Mais pourquoi je me laisse emmerder, je n'en sais rien ! Elles sont folles !

SERGE. Tu as maigri.

YVAN. Bien sûr. J'ai perdu quatre kilos. Uniquement par angoisse...

MARC. Lis Sénèque.

YVAN. ... *La Vie heureuse*, voilà ce qu'il me faut ! Il dit quoi, lui ?

MARC. Chef-d'œuvre.

YVAN. Ah bon ?...

SERGE. Il ne l'a pas lu.

YVAN. Ah bon !

MARC. Non, mais Serge m'a dit chef-d'œuvre tout à l'heure.

SERGE. J'ai dit chef-d'œuvre parce que c'est un chef-d'œuvre.

MARC. Oui, oui.

SERGE. C'est un chef-d'œuvre.

MARC. Pourquoi tu prends la mouche ?

SERGE. Tu as l'air d'insinuer que je dis chef-d'œuvre à tout bout de champ.

MARC. Pas du tout...

SERGE. Tu dis ça avec une sorte de ton narquois...

MARC. Mais pas du tout !

SERGE. Si, si, chef-d'œuvre avec un ton...

MARC. Mais il est fou ! Pas du tout !... Par contre, tu as dit, tu as ajouté le mot modernissime.

SERGE. Oui. Et alors ?

MARC. Tu as dit modernissime, comme si moderne était le nec plus ultra du compliment. Comme si parlant d'une chose, on ne pouvait pas dire plus haut, plus définitivement haut que moderne.

SERGE. Et alors ?

MARC. Et alors, rien.
Et je n'ai pas fait mention du « issime », tu as remarqué... Modern-« issime »... !

SERGE. Tu me cherches aujourd'hui.

MARC. Non...

YVAN. Vous n'allez pas vous engueuler, ce serait le comble !

SERGE. Tu ne trouves pas extraordinaire qu'un homme qui a écrit il y a presque deux mille ans soit toujours d'actualité ?

MARC. Si. Si, si. C'est le propre des classiques.

SERGE. Question de mots.

YVAN. Alors qu'est-ce qu'on fait ? Le cinéma, c'est foutu j'imagine, désolé. On va dîner ?

MARC. Serge m'a dit que tu étais très sensible à son tableau.

YVAN. Oui... Je suis assez sensible à ce tableau, oui... Pas toi, je sais.

MARC. Non.
Allons dîner. Serge connaît un lyonnais succulent.

SERGE. Tu trouves ça trop gras.

MARC. Je trouve ça un peu gras mais je veux bien essayer.

SERGE. Mais non, si tu trouves ça trop gras, on va ailleurs.

MARC. Non, je veux bien essayer.

SERGE. On va dans ce restaurant si ça vous fait plaisir. Sinon on n'y va pas !
(À Yvan.) Tu veux manger lyonnais, toi ?

YVAN. Moi je fais ce que vous voulez.

MARC. Lui, il fait ce qu'on veut, il fait toujours ce qu'on veut, lui.

YVAN. Mais qu'est-ce que vous avez tous les deux, vous êtes vraiment bizarres !

SERGE. Il a raison, tu pourrais un jour avoir une opinion à toi.

YVAN. Écoutez les amis, si vous comptez me prendre comme tête de Turc, moi je me tire ! J'ai assez enduré aujourd'hui.

MARC. Un peu d'humour, Yvan.

YVAN. Hein ?

MARC. Un peu d'humour, vieux.

YVAN. Un peu d'humour ? Je ne vois pas ce qu'il y a de drôle.
Un peu d'humour, tu es marrant.

MARC. Je trouve que tu manques un peu d'humour ces derniers temps. Méfie-toi, regarde-moi !

YVAN. Qu'est-ce que tu as ?

MARC. Tu ne trouves pas que je manque aussi un peu d'humour ces derniers temps ?

YVAN. Ah bon ? !

SERGE. Bon, ça suffit, prenons une décision. Pour dire la vérité, je n'ai même pas faim.

YVAN. Vous êtes vraiment sinistres ce soir !...

SERGE. Tu veux que je te donne mon point de vue sur tes histoires de bonnes femmes ?

YVAN. Donne.

SERGE. La plus hystérique de toutes, à mes yeux, est Catherine. De loin.

MARC. C'est évident.

SERGE. Et si tu te laisses emmerder par elle dès maintenant, tu te prépares un avenir effroyable.

YVAN. Qu'est-ce que je peux faire ?

MARC. Annule.

YVAN. Annuler le mariage ? !

SERGE. Il a raison.

YVAN. Mais je ne peux pas, vous êtes cinglés !

MARC. Pourquoi ?

YVAN. Mais parce que je ne peux pas, voyons ! Tout est organisé. Je suis dans la papeterie depuis un mois...

MARC. Quel rapport ?

YVAN. La papeterie est à son oncle, qui n'avait absolument pas besoin d'engager qui que ce soit, encore moins un type qui n'a travaillé que dans le tissu.

SERGE. Tu fais ce que tu veux. Moi je t'ai donné mon avis.

YVAN. Excuse-moi Serge, sans vouloir te blesser, tu n'es pas l'homme dont j'écouterais spécifiquement les conseils matrimoniaux. On ne peut pas dire que ta vie soit une grande réussite dans ce domaine...

SERGE. Justement.

YVAN. Je ne peux pas résilier ce mariage. Je sais que Catherine est hystérique mais elle a des qualités. Elle a des qualités qui sont prépondérantes quand on épouse un garçon comme moi... *(Désignant l'Antrios.)* Tu vas le mettre où ?

SERGE. Je ne sais pas encore.

YVAN. Pourquoi tu ne le mets pas là ?

SERGE. Parce que là, il est écrasé par la lumière du jour.

YVAN. Ah oui.
J'ai pensé à toi aujourd'hui, au magasin on a reproduit cinq cents affiches d'un type qui peint des fleurs blanches, complètement blanches, sur un fond blanc.

SERGE. L'Antrios n'est pas blanc.

YVAN. Non, bien sûr. Mais c'est pour dire.

MARC. Tu trouves que ce tableau n'est pas blanc, Yvan ?

YVAN. Pas tout à fait, non...

MARC. Ah bon. Et tu vois quoi comme couleur ?...

YVAN. Je vois des couleurs... Je vois du jaune, du gris, des lignes un peu ocre...

MARC. Et tu es ému par ces couleurs.

YVAN. Oui... je suis ému par ces couleurs.

MARC. Yvan, tu n'as pas de consistance. Tu es un être hybride et flasque.

SERGE. Pourquoi tu es agressif avec Yvan comme ça ?

MARC. Parce que c'est un petit courtisan, servile, bluffé par le fric, bluffé par ce qu'il croit être la culture, culture que je vomis définitivement d'ailleurs.

*Un petit silence.*

SERGE. ... Qu'est-ce qui te prend ?

MARC *(à Yvan)*. Comment peux-tu, Yvan ?... Devant moi. Devant moi, Yvan.

YVAN. Devant toi, quoi ?... Devant toi, quoi ?... Ces couleurs me touchent. Oui. Ne t'en déplaise. Et cesse de vouloir tout régenter.

MARC. Comment peux-tu dire, devant moi, que ces couleurs te touchent ?...

YVAN. Parce que c'est la vérité.

MARC. La vérité ? Ces couleurs te touchent ?

YVAN. Oui. Ces couleurs me touchent.

MARC. Ces couleurs te touchent, Yvan ? !

SERGE. Ces couleurs le touchent ! Il a le droit !

MARC. Non, il n'a pas le droit.

SERGE. Comment, il n'a pas le droit ?

MARC. Il n'a pas le droit.

YVAN. Je n'ai pas le droit ? !...

MARC. Non.

SERGE. Pourquoi, il n'a pas le droit ? Tu sais que tu n'es pas bien en ce moment, tu devrais consulter.

MARC. Il n'a pas le droit de dire que ces couleurs le touchent, parce que c'est faux.

YVAN. Ces couleurs ne me touchent pas ? !

MARC. Il n'y a pas de couleurs. Tu ne les vois pas. Et elles ne te touchent pas.

YVAN. Parle pour toi !

MARC. Quel avilissement, Yvan !...

SERGE. Mais qui es-tu, Marc ? !...
Qui es-tu pour imposer ta loi ? Un type qui n'aime rien, qui méprise tout le monde, qui met son point d'honneur à ne pas être un homme de son temps...

MARC. Qu'est-ce que ça veut dire être un homme de son temps ?

YVAN. Ciao. Moi, je m'en vais.

SERGE. Où tu vas ?

YVAN. Je m'en vais. Je ne vois pas pourquoi je dois supporter vos vapeurs.

SERGE. Reste ! Tu ne vas pas commencer à te draper... Si tu t'en vas, tu lui donnes raison.

*(Yvan se tient, hésitant, à cheval entre deux décisions.)*
Un homme de son temps est un homme qui vit dans son temps.

MARC. Quelle connerie. Comment un homme peut vivre dans un autre temps que le sien ? Explique-moi.

SERGE. Un homme de son temps, c'est quelqu'un dont on pourra dire dans vingt ans, dans cent ans, qu'il est représentatif de son époque.

MARC. Hun, hun.
Et pour quoi faire ?

SERGE. Comment pour quoi faire ?

MARC. À quoi me sert qu'on dise de moi un jour, il a été représentatif de son époque ?

SERGE. Mais mon vieux, ce n'est pas de toi dont il s'agit, mon pauvre vieux ! Toi, on s'en fout ! Un homme de son temps, comme je te le signale, la plupart de ceux que tu apprécies, est un apport pour l'humanité... Un homme de son temps n'arrête pas l'histoire de la peinture à une vue hypo-flamande de Cavaillon...

MARC. Carcassonne.

SERGE. Oui, c'est pareil. Un homme de son temps participe à la dynamique intrinsèque de l'évolution...

MARC. Et ça c'est bien, d'après toi.

SERGE. Ce n'est ni bien ni mal — pourquoi veux-tu moraliser ? — c'est dans la nature des choses.

MARC. Toi par exemple, tu participes à la dynamique intrinsèque de l'évolution.

SERGE. Oui.

MARC. Et Yvan ?...

YVAN. Mais non. Un être hybride ne participe à rien.

SERGE. Yvan, à sa manière, est un homme de son temps.

MARC. Et tu vois ça à quoi chez lui ? Pas à la croûte qu'il a au-dessus de sa cheminée !

YVAN. Ce n'est pas du tout une croûte !

SERGE. Si, c'est une croûte.

YVAN. Mais non !

SERGE. Peu importe. Yvan est représentatif d'un certain mode de vie, de pensée qui est tout à fait contemporain. Comme toi d'ailleurs. Tu es typiquement, je suis navré, un homme de ton temps. Et en réalité, plus tu souhaites ne pas l'être, plus tu l'es.

MARC. Alors tout va bien. Où est le problème ?

SERGE. Le problème est uniquement pour toi, qui mets ton point d'honneur à vouloir t'exclure du cercle des humains. Et qui ne peux y parvenir. Tu es comme dans les sables mouvants, plus tu cherches à t'extraire, plus tu t'enfonces. Présente tes excuses à Yvan.

MARC. Yvan est un lâche.

*Sur ces mots, Yvan prend sa décision : il sort précipitamment. Un léger temps.*

SERGE. Bravo.

*Silence.*

MARC. On ferait mieux de ne pas se voir du tout ce soir... non ?... Je ferais mieux de partir aussi...

SERGE. Possible...

MARC. Bon...

SERGE. C'est toi qui es lâche... Tu t'attaques à un garçon qui est incapable de se défendre... Tu le sais très bien.

MARC. Tu as raison... Tu as raison et ce que tu viens de dire ajoute à mon effondrement... Tu vois, subitement, je ne comprends plus, je ne sais plus ce qui me relie à Yvan... Je ne comprends plus de quoi ma relation est faite avec ce garçon.

SERGE. Yvan a toujours été ce qu'il est.

MARC. Non. Il avait une folie, il avait une incongruité... Il était fragile mais il était désarmant par sa folie...

SERGE. Et moi ?

MARC. Toi quoi ?

SERGE. Tu sais ce qui te relie à moi ?...

MARC. ... Une question qui pourrait nous entraîner assez loin...

SERGE. Allons-y.

*Court silence.*

MARC. ... Ça m'ennuie d'avoir fait de la peine à Yvan.

SERGE. Ah ! Enfin une parole légèrement humaine dans ta bouche.... D'autant que la croûte qu'il a au-dessus de sa cheminée, je crains que ce ne soit son père qui l'ait peinte.

MARC. Ah bon ? Merde.

SERGE. Oui...

MARC. Mais toi aussi tu lui as...

SERGE. Oui, oui, mais je m'en suis souvenu en le disant.

MARC. Ah, merde...

SERGE. Mmm...

*Léger temps...*

*On sonne.*
*Serge va ouvrir.*
*Yvan rentre aussitôt dans la pièce et comme précédemment parle à peine arrivé.*

YVAN. Le retour d'Yvan ! L'ascenseur est occupé, je m'engouffre dans l'escalier et je pense tout en dégringolant, lâche, hybride, sans consistance, je me dis, je reviens avec un flingue, je le bute, il verra si je suis flasque et servile, j'arrive au rez-de-chaussée, je me dis mon petit vieux tu n'as pas fait six ans d'analyse pour finir par buter ton meilleur ami et tu n'as pas fait six ans d'analyse pour ne pas percevoir derrière cette démence verbale un profond mal-être, je réamorce une remontée et je me dis, tout en gravissant les marches du pardon, Marc appelle au secours, je dois le secourir dussé-je en pâtir moi-même... D'ailleurs, l'autre jour, j'ai parlé de vous à Finkelzohn...

SERGE. Tu parles de nous à Finkelzohn ? !

YVAN. Je parle de tout à Finkelzohn.

SERGE. Et pourquoi tu parles de nous ?

MARC. Je t'interdis de parler de moi à ce connard.

YVAN. Tu ne m'interdis rien.

SERGE. Pourquoi tu parles de nous ?

YVAN. Je sens que vos relations sont tendues et je voulais que Finkelzohn m'éclaire...

SERGE. Et qu'est-ce qu'il dit ce con ?

YVAN. Il dit quelque chose d'amusant...

MARC. Ils donnent leur avis ces gens ? !

YVAN. Non, ils ne donnent pas leur avis, mais là il a donné son avis, il a même fait un geste, lui qui ne fait jamais de geste, il a toujours froid, je lui dis, bougez !...

SERGE. Bon alors qu'est-ce qu'il dit ? !

MARC. Mais on se fout de ce qu'il dit !

SERGE. Qu'est-ce qu'il a dit ?

MARC. En quoi ça nous intéresse ?

SERGE. Je veux savoir ce que ce con a dit, merde !

YVAN *(il fouille dans la poche de sa veste)*. Vous voulez savoir... *(Il sort un bout de papier plié.)*

MARC. Tu as pris des notes ? !

YVAN *(le dépliant)*. J'ai noté parce que c'est compliqué... Je vous lis ?

SERGE. Lis.

YVAN. ... « Si je suis moi parce que je suis moi, et si tu es toi parce que tu es toi, je suis moi et tu es toi. Si, en revanche, je suis moi parce que tu es toi, et si tu es toi parce que je suis moi, alors je ne suis pas moi et tu n'es pas toi... » Vous comprendrez que j'aie dû l'écrire.

*Court silence.*

MARC. Tu le paies combien ?

YVAN. Quatre cents francs la séance, deux fois par semaine.

MARC. Joli.

SERGE. Et en liquide. Car j'ai appris un truc, tu ne peux pas payer par chèque. Freud a dit, il faut que tu sentes les billets qui foutent le camp.

MARC. Tu as de la chance d'être coaché par ce type.

SERGE. Ah oui !... Et tu seras gentil de nous recopier cette formule.

MARC. Oui. Elle nous sera sûrement utile.

YVAN *(repliant soigneusement le papier)*. Vous avez tort. C'est très profond.

MARC. Si c'est grâce à lui que tu es revenu tendre ton autre joue, tu peux le remercier. Il a fait de toi une lope, mais tu es content, c'est l'essentiel.

YVAN *(à Serge)*. Tout ça parce qu'il ne veut pas croire que j'apprécie ton Antrios.

SERGE. Je me fous de ce que vous pensez de ce tableau. Toi comme lui.

YVAN. Plus je le vois, plus je l'aime, je t'assure.

SERGE. Je propose qu'on cesse de parler de ce tableau une bonne fois pour toutes, OK ? C'est une conversation qui ne m'intéresse pas.

MARC. Pourquoi tu te blesses comme ça ?

SERGE. Je ne me blesse pas, Marc. Vous avez exprimé vos opinions. Bien. Le sujet est clos.

MARC. Tu vois que tu le prends mal.

SERGE. Je ne le prends pas mal. Je suis fatigué.

MARC. Si tu te blesses, ça signifie que tu es suspendu au jugement d'autrui...

SERGE. Je suis fatigué, Marc. Tout ça est stérile... À vrai dire, je suis au bord de l'ennui avec vous, là, en ce moment.

YVAN. Allons dîner !

SERGE. Allez-y tous les deux, pourquoi vous n'y allez pas tous les deux ?

YVAN. Mais non ! Pour une fois qu'on est tous les trois.

SERGE. Ça ne nous réussit pas apparemment.

YVAN. Je ne comprends pas ce qui se passe. Calmons-nous. Il n'y a aucune raison de s'engueuler, encore moins pour un tableau.

SERGE. Tu as conscience que tu jettes de l'huile sur le feu avec tes « calmons-nous » et tes manières de curé ! C'est nouveau ça ?

YVAN. Vous n'arriverez pas à m'entamer.

MARC. Tu m'impressionnes. Je vais aller chez ce Finkelzohn !...

YVAN. Tu ne peux pas, il est complet. Qu'est-ce que tu manges ?

MARC. Gelsémium.

YVAN. Je suis rentré dans la suite logique des choses, mariage, enfants, mort. Papeterie. Qu'est-ce qui peut m'arriver ?

*Mû par une impulsion soudaine, Serge prend l'Antrios et le rapporte où il se trouvait en dehors de la pièce.*

*Il revient aussitôt.*

MARC. Nous ne sommes pas dignes de le regarder...

SERGE. Exact.

MARC. Ou tu as peur qu'en ma présence, tu finisses par l'observer avec mes yeux...

SERGE. Non. Tu sais ce que dit Paul Valéry ? Je vais mettre de l'eau à ton moulin.

MARC. Je me fous de ce que dit Paul Valéry.

SERGE. Tu n'aimes pas non plus Paul Valéry ?

MARC. Ne me cite pas Paul Valéry.

SERGE. Mais tu aimais Paul Valéry !

MARC. Je me fous de ce que dit Paul Valéry.

SERGE. C'est toi qui me l'as fait découvrir. C'est toi-même qui m'as fait découvrir Paul Valéry !

MARC. Ne me cite pas Paul Valéry, je me fous de ce que dit Paul Valéry.

SERGE. De quoi tu ne te fous pas ?

MARC. Que tu aies acheté ce tableau.
Que tu aies dépensé vingt briques pour cette merde.

YVAN. Tu ne vas pas recommencer, Marc !

SERGE. Et moi je vais te dire ce dont je ne me fous pas — puisqu'on en est aux confidences —, je ne me fous pas de la manière dont tu as suggéré par ton rire et tes insinuations que moi-même je trouvais cette œuvre grotesque. Tu as nié que je pouvais avec sincérité y être attaché. Tu as voulu créer une complicité odieuse entre nous. Et pour reprendre ta formule Marc, c'est ça qui me relie moins à toi ces derniers temps, ce permanent soupçon que tu manifestes.

MARC. C'est vrai que je ne peux pas imaginer que tu aimes sincèrement ce tableau.

YVAN. Mais pourquoi ?

MARC. Parce que j'aime Serge et que je suis incapable d'aimer Serge achetant ce tableau.

SERGE. Pourquoi tu dis, achetant, pourquoi tu ne dis pas, aimant ?

MARC. Parce que je ne peux pas dire aimant, je ne peux pas croire, aimant.

SERGE. Alors, achetant pourquoi, si je n'aime pas ?

MARC. C'est toute la question.

SERGE *(à Yvan)*. Regarde comme il me répond avec suffisance ! Je joue au con et lui il me répond avec la tranquille bouffissure du sous-entendu !... *(À Marc.)* Et tu n'as pas imaginé une seconde, au cas, même improbable, où je puisse aimer vraiment, que je me blesse d'entendre ton avis catégorique, tranchant, complice dans le dégoût ?

MARC. Non.

SERGE. Quand tu m'as demandé ce que je pensais de Paula — une fille qui m'a soutenu, à moi, pendant tout un dîner, qu'on pouvait guérir la maladie d'Elhers Danlos à l'homéopathie —, je ne t'ai pas dit que je la trouvais laide, rugueuse et sans charme. J'aurais pu.

MARC. C'est ce que tu penses de Paula ?

SERGE. À ton avis ?

YVAN. Mais non, il ne pense pas ça ! On ne peut pas penser ça de Paula !

MARC. Réponds-moi.

SERGE. Tu vois, tu vois l'effet que ça fait !

MARC. Est-ce que tu penses ce que tu viens de dire sur Paula ?

SERGE. Au-delà, même.

YVAN. Mais non ! !

MARC. Au-delà, Serge ? Au-delà du rugueux ? Veux-tu m'expliquer l'au-delà du rugueux !...

SERGE. Ah, ah ! Quand ça te touche personnellement, la saveur des mots est plus amère, on dirait !...

MARC. Serge, explique-moi l'au-delà du rugueux...

SERGE. Ne prends pas ce ton de givre. Ne serait-ce — je vais te répondre —, ne serait-ce que sa manière de chasser la fumée de cigarette...

MARC. Sa manière de chasser la fumée de cigarette...

SERGE. Oui. Sa manière de chasser la fumée de cigarette. Un geste qui te paraît à toi insignifiant, un geste anodin, penses-tu, pas du tout, sa manière de chasser la fumée de cigarette est exactement au cœur de sa rugosité.

MARC. ... Tu me parles de Paula, une femme qui partage ma vie, en ces termes insoutenables, parce que tu désapprouves sa façon de chasser la fumée de cigarette...

SERGE. Oui. Sa façon de chasser la fumée la condamne sans phrases.

MARC. Serge, explique-moi, avant que je ne perde tout contrôle de moi-même. C'est très grave ce que tu es en train de faire.

SERGE. N'importe quelle femme dirait, excusez-moi, la fumée me gêne un peu, pourriez-vous déplacer votre cendrier, non, elle, elle ne s'abaisse pas à parler, elle dessine son mépris dans l'air, un geste calculé, d'une lassitude un peu méchante, un mouvement de main qu'elle veut imperceptible et qui sous-entend, fumez, fumez, c'est désespérant mais à quoi bon le relever, et qui fait que tu te demandes si c'est toi ou la cigarette qui l'indispose.

YVAN. Tu exagères !...

SERGE. Tu vois, il ne dit pas que j'ai tort, il dit que j'exagère, il ne dit pas que j'ai tort. Sa façon de chasser la fumée de cigarette révèle une nature froide, condescendante et fermée au monde. Ce que tu tends toi-même à devenir. C'est dommage Marc, c'est vraiment dommage que tu sois tombé sur une femme aussi négative...

YVAN. Paula n'est pas négative !...

MARC. Retire tout ce que tu viens de dire, Serge.

SERGE. Non.

YVAN. Mais si !...

MARC. Retire ce que tu viens de dire...

YVAN. Retire, retire ! C'est ridicule !

MARC. Serge, pour la dernière fois, je te somme de retirer ce que tu viens de dire.

SERGE. Un couple aberrant à mes yeux. Un couple de fossiles.

*Marc se jette sur Serge.*
*Yvan se précipite pour s'interposer.*

MARC *(à Yvan)*. Tire-toi !...

SERGE *(à Yvan)*. Ne t'en mêle pas...

*S'ensuit une sorte de lutte grotesque, très courte, qui se termine par un coup que prend malencontreusement Yvan.*

YVAN. Oh merde !... Oh merde !...

SERGE. Fais voir, fais voir... *(Yvan gémit. Plus que de raison, semble-t-il.)* Mais fais voir !... C'est rien... Tu n'as rien... Attends... *(Il sort et revient avec une compresse.)* Tiens, mets ça dessus pendant une minute.

YVAN. ... Vous êtes complètement anormaux tous les deux. Deux garçons normaux qui deviennent complètement cinglés !

SERGE. Ne t'énerve pas.

YVAN. J'ai vraiment mal !... Si ça se trouve, vous m'avez crevé le tympan !...

SERGE. Mais non.

YVAN. Qu'est-ce que tu en sais ? Tu n'es pas oto-rhino !... Des amis comme vous, des types qui ont fait des études !...

SERGE. Allez, calme-toi.

YVAN. Tu ne peux pas démolir quelqu'un parce que tu n'aimes pas sa façon de chasser la fumée de cigarette !...

SERGE. Si.

YVAN. Mais enfin, ça n'a aucun sens !

SERGE. Qu'est-ce que tu sais du sens de quoi que ce soit ?

YVAN. Agresse-moi, agresse-moi encore !... J'ai peut-être une hémorragie interne, j'ai vu une souris passer...

SERGE. C'est un rat.

YVAN. Un rat !

SERGE. Oui, il passe de temps en temps.

YVAN. Tu as un rat ? !!

SERGE. Ne retire pas la compresse, laisse la compresse.

YVAN. Qu'est-ce que vous avez ?... Qu'est-ce qui s'est passé entre vous ? Il s'est passé quelque chose pour que vous soyez devenus déments à ce point ?

SERGE. J'ai acheté une œuvre qui ne convient pas à Marc.

YVAN. Tu continues !... Vous êtes dans une spirale tous les deux, vous ne pouvez plus vous arrêter... On dirait moi avec Yvonne. La relation la plus pathologique qui soit !

SERGE. Qui est-ce ?

YVAN. Ma belle-mère !

SERGE. Ça faisait longtemps que tu ne nous en avais pas parlé.

*Un petit silence.*

MARC. Pourquoi tu ne m'as pas dit tout de suite ce que tu pensais de Paula ?

SERGE. Je ne voulais pas te peiner.

MARC. Non, non, non...

SERGE. Quoi, non, non, non ?...

MARC. Non.
Quand je t'ai demandé ce que tu pensais de Paula, tu m'as répondu : Vous vous êtes trouvés.

SERGE. Oui...

MARC. Et c'était positif, dans ta bouche.

SERGE. Sans doute...

MARC. Si, Si. À cette époque, si.

SERGE. Bon, qu'est-ce que tu veux prouver ?

MARC. Aujourd'hui, le procès que tu fais à Paula, en réalité le mien, penche du mauvais côté.

SERGE. ... Comprends pas...

MARC. Mais si, tu comprends.

SERGE. Non.

MARC. Depuis que je ne peux plus te suivre dans ta furieuse, quoique récente, appétence de nouveauté, je suis devenu « condescendant », « fermé au monde »... « fossilisé »...

YVAN. Ça me vrille !... J'ai une vrille qui m'a traversé le cerveau !

SERGE. Tu veux une goutte de cognac ?

YVAN. Tu crois... Si j'ai un truc détraqué dans le cerveau, tu ne crois pas que l'alcool est contre-indiqué ?...

SERGE. Tu veux une aspirine ?

YVAN. Je ne sais pas si l'aspirine...

SERGE. Bon, alors qu'est-ce que tu veux ? !!

YVAN. Ne vous occupez pas de moi. Continuez votre conversation absurde, ne vous intéressez pas à moi.

MARC. C'est difficile.

YVAN. Vous pourriez avoir une oncette de compassion. Non.

SERGE. Moi je supporte que tu fréquentes Paula. Je ne t'en veux pas d'être avec Paula.

MARC. Tu n'as aucune raison de m'en vouloir.

SERGE. Et toi tu as des raisons de m'en vouloir... tu vois, j'allais dire d'être avec l'Antrios !

MARC. Oui.

SERGE. ... Quelque chose m'échappe.

MARC. Je ne t'ai pas remplacé par Paula.

SERGE. Parce que moi, je t'ai remplacé par l'Antrios ?

MARC. Oui.

SERGE. ... Je t'ai remplacé par l'Antrios ? !

MARC. Oui. Par l'Antrios... et compagnie.

SERGE *(à Yvan)*. Tu comprends ce qu'il dit ?...

YVAN. Je m'en fous, vous êtes cinglés.

MARC. De mon temps, tu n'aurais jamais acheté cette toile.

SERGE. Qu'est-ce que ça signifie, de ton temps ? !

MARC. Du temps où tu me distinguais des autres, où tu mesurais les choses à mon aune.

SERGE. Il y a eu un temps de cette nature entre nous ?

MARC. Comme c'est cruel. Et petit de ta part.

SERGE. Non, je t'assure, je suis éberlué.

MARC. Si Yvan n'était pas l'être spongieux qu'il est devenu, il me soutiendrait.

YVAN. Continue, continue, je t'ai dit, ça glisse.

MARC *(à Serge)*. Il fut un temps où tu étais fier de m'avoir pour ami... Tu te félicitais de mon étrangeté, de ma propension à rester hors du coup. Tu aimais exposer ma sauvagerie en société, toi qui vivais si normalement. J'étais ton alibi. Mais... à la longue, il faut croire que cette sorte d'affection se tarit... Sur le tard, tu prends ton autonomie...

SERGE. J'apprécie le « sur le tard ».

MARC. Et je hais cette autonomie. La violence de cette autonomie. Tu m'abandonnes. Je suis trahi. Tu es un traître pour moi.

*Silence.*

SERGE *(à Yvan)*... Il était mon mentor, si je comprends bien... *(Yvan ne répond pas. Marc le dévisage avec mépris. Léger temps.)*
... Et si moi, je t'aimais en qualité de mentor... toi, de quelle nature était ton sentiment ?

MARC. Tu le devines.

SERGE. Oui, oui, mais je voudrais te l'entendre dire.

MARC. ... J'aimais ton regard. J'étais flatté. Je t'ai toujours su gré de me considérer comme à part. J'ai même cru que cet à part était de l'ordre du supérieur jusqu'à ce qu'un jour tu me dises le contraire.

SERGE. C'est consternant.

MARC. C'est la vérité.

SERGE. Quel échec... !

MARC. Oui, quel échec !

SERGE. Quel échec !

MARC. Pour moi surtout... Toi, tu t'es découvert une nouvelle famille. Ta nature idolâtre a trouvé d'autres objets. L'Artiste !... La *Déconstruction !...*

*Court silence.*

YVAN. C'est quoi la déconstruction ?...

MARC. Tu ne connais pas la déconstruction ?... Demande à Serge, il domine très bien cette notion... *(À Serge.)* Pour me rendre lisible une œuvre absurde, tu es allé chercher ta terminologie dans le registre des travaux publics... Ah, tu souris ! Tu vois, quand tu souris comme ça, je reprends espoir, quel con...

YVAN. Mais réconciliez-vous ! Passons une bonne soirée, tout ça est risible !

MARC. ... C'est de ma faute. On ne s'est pas beaucoup vu ces derniers temps. J'ai été absent, tu t'es mis à fréquenter le haut de gamme... Les Rops... les Desprez-Coudert... ce dentiste, Guy Hallié... C'est lui qui t'a...

SERGE. Non, non, non, non, pas du tout, ce n'est pas du tout son univers, lui n'aime que l'Art conceptuel...

MARC. Oui, enfin, c'est pareil.

SERGE. Non, ce n'est pas pareil.

MARC. Tu vois, encore une preuve que je t'ai laissé dériver...
On ne se comprend même plus dans la conversation courante.

SERGE. J'ignorais totalement — vraiment c'est une découverte — que j'étais à ce point sous ta houlette, à ce point en ta possession...

MARC. Pas en ma possession, non... On ne devrait jamais laisser ses amis sans surveillance. Il faut toujours surveiller ses amis. Sinon, ils vous échappent...

Regarde ce malheureux Yvan, qui nous enchantait par son comportement débridé, et qu'on a laissé devenir peureux, papetier... Bientôt mari... Un garçon qui nous apportait sa singularité et qui s'escrime maintenant à la gommer...

SERGE. Qui *nous* apportait ! Est-ce que tu réalises ce que tu dis ? Toujours en fonction de toi ! Apprends à aimer les gens pour eux-mêmes, Marc.

MARC. Ça veut dire quoi, pour eux-mêmes ? !

SERGE. Pour ce qu'ils sont.

MARC. Mais qu'est-ce qu'ils sont ? ! Qu'est-ce qu'ils sont ? !... En dehors de l'espoir que je place en eux ?...
Je cherche désespérément un ami qui me préexiste. Jusqu'ici, je n'ai pas eu de chance. J'ai dû vous façonner... Mais tu vois, ça ne marche pas. Un jour ou l'autre, la créature va dîner chez les Desprez-Coudert et pour entériner son nouveau standing, achète un tableau blanc.

*Silence.*

SERGE. Donc, nous voici au terme d'une relation de quinze ans...

MARC. Oui...

YVAN. Minable...

MARC. Tu vois, si on était arrivé à se parler normalement, enfin si j'étais parvenu à m'exprimer en gardant mon calme...

SERGE. Oui ?...

MARC. Non...

SERGE. Si. Parle. Qu'on échange ne serait-ce qu'un mot dépassionné.

MARC. ... Je ne crois pas aux valeurs qui régissent l'Art d'aujourd'hui... La loi du nouveau. La loi de la surprise...

La surprise est une chose morte. Morte à peine conçue, Serge...

SERGE. Bon. Et alors ?

MARC. C'est tout.
J'ai aussi été pour toi de l'ordre de la surprise.

SERGE. Qu'est-ce que tu racontes !

MARC. Une surprise qui a duré un certain temps, je dois dire.

YVAN. Finkelzohn est un génie.
Je vous signale qu'il avait tout compris !

MARC. J'aimerais que tu cesses d'arbitrer, Yvan, et que tu cesses de te considérer à l'extérieur de cette conversation.

YVAN. Tu veux m'y faire participer, pas question, en quoi ça me regarde ? J'ai déjà le tympan crevé, réglez vos comptes tout seuls maintenant !

MARC. Il a peut-être le tympan crevé ? Je lui ai donné un coup très violent.

SERGE *(il ricane)*. Je t'en prie, pas de vantardise.

MARC. Tu vois Yvan, ce que je ne supporte pas en ce moment chez toi — outre tout ce que je t'ai déjà dit et que je pense — c'est ton désir de nous niveler. Égaux, tu nous voudrais. Pour mettre ta lâcheté en sourdine. Égaux dans la discussion, égaux dans l'amitié d'autrefois. Mais nous ne sommes pas égaux, Yvan. Tu dois choisir ton camp.

YVAN. Il est tout choisi.

MARC. Parfait.

SERGE. Je n'ai pas besoin d'un supporter.

MARC. Tu ne vas pas rejeter le pauvre garçon.

YVAN. Pourquoi on se voit, si on se hait ? ! On se hait, c'est clair ! Enfin, moi je ne vous hais pas mais vous, vous vous haïssez ! Et vous me haïssez ! Alors pourquoi on se voit ?... Moi je m'apprêtais à passer une soirée de détente après une semaine de soucis absurdes, retrouver mes deux meilleurs amis, aller au cinéma, rire, dédramatiser...

SERGE. Tu as remarqué que tu ne parles que de toi.

YVAN. Et vous parlez de qui, vous ? ! Tout le monde parle de soi !

SERGE. Tu nous fous la soirée en l'air, tu...

YVAN. Je vous fous la soirée en l'air ? !

SERGE. Oui.

YVAN. Je vous fous la soirée en l'air ? ! Moi ? ! Moi, je vous fous la soirée en l'air ? !

MARC. Oui, oui, ne t'excite pas !

YVAN. C'est moi qui fous la soirée en l'air ? !!...

SERGE. Tu vas le répéter combien de fois ?

YVAN. Non mais répondez-moi, c'est moi qui fous la soirée en l'air ? !!...

MARC. Tu arrives avec trois quarts d'heure de retard, tu ne t'excuses pas, tu nous soûles de tes pépins domestiques...

SERGE. Et ta présence veule, ta présence de spectateur veule et neutre, nous entraîne Marc et moi dans les pires excès.

YVAN. Toi aussi ! Toi aussi, tu t'y mets ? !

SERGE. Oui, parce que sur ce point, je suis entièrement d'accord avec lui. Tu crées les conditions du conflit.

MARC. Cette mièvre et subalterne voix de la raison, que tu essaies de faire entendre depuis ton arrivée, est intenable.

YVAN. Vous savez que je peux pleurer... Je peux me mettre à pleurer là... D'ailleurs, je n'en suis pas loin...

MARC. Pleure.

SERGE. Pleure.

YVAN. Pleure ! Vous me dites, pleure ! !...

MARC. Tu as toutes les raisons de pleurer, tu vas épouser une gorgone, tu perds des amis que tu pensais éternels...

YVAN. Ah parce que ça y est, tout est fini !

MARC. Tu l'as dit toi-même, à quoi bon se voir si on se hait ?

YVAN. Et mon mariage ? ! Vous êtes témoins, vous vous souvenez ? !

SERGE. Tu peux encore changer.

YVAN. Bien sûr que non ! je vous ai inscrits !

MARC. Tu peux en choisir d'autres au dernier moment.

YVAN. On n'a pas le droit !

SERGE. Mais si !...

YVAN. Non !...

MARC. Ne t'affole pas, on viendra.

SERGE. Tu devrais annuler ce mariage.

MARC. Ça, c'est vrai.

YVAN. Mais merde ! Qu'est-ce que je vous ai fait, merde ! !...

*Il fond en larmes.*
*Un temps.*

C'est ignoble ce que vous faites ! Vous auriez pu vous engueuler après le 12, non, vous vous arrangez pour gâcher mon mariage, un mariage qui est déjà une calamité, qui m'a fait perdre quatre kilos, vous le ruinez définitivement ! Les deux seules personnes dont la présence me procurait un embryon de satisfaction s'arrangent pour s'entre-tuer, je suis vraiment le garçon verni !... *(À Marc.)* Tu crois que j'aime les pochettes perforées, les rouleaux adhésifs, tu crois qu'un homme normal a envie, un jour, de vendre des chemises dos à soufflet ? !... Que veux-tu que je fasse ? J'ai fait le con jusqu'à quarante ans, ah bien sûr je t'amusais, j'amusais beaucoup mes amis avec mes conneries, mais le soir qui est seul comme un rat ? Qui rentre tout seul dans sa tanière le soir ? Le bouffon seul à crever qui allume tout ce qui parle et qui trouve sur le répondeur qui ? Sa mère. Sa mère et sa mère.

*Un court silence.*

MARC. Ne te mets pas dans un état pareil.

YVAN. Ne te mets pas dans un état pareil ! Qui m'a mis dans cet état ? ! Je n'ai pas vos froissements d'âme moi, qui je suis ? Un type qui n'a pas de poids, qui n'a pas d'opinion, je suis un ludion, j'ai toujours été un ludion !

MARC. Calme-toi...

YVAN. Ne me dis pas, calme-toi ! Je n'ai aucune raison de me calmer, si tu veux me rendre fou, dis-moi, calme-toi ! Calme-toi est la pire chose qu'on peut dire à quelqu'un qui a perdu son calme ! Je ne suis pas comme vous, je ne veux pas avoir d'autorité, je ne veux pas être une référence, je ne veux pas exister par moi-même, je veux être votre ami Yvan le farfadet ! Yvan le farfadet.

*Silence.*

SERGE. Si on pouvait ne pas tomber dans le pathétique...

YVAN. J'ai terminé.
Tu n'as pas quelque chose à grignoter ? N'importe quoi, juste pour ne pas tomber évanoui.

SERGE. J'ai des olives.

YVAN. Donne.

*Serge lui donne un petit bol d'olives qui est à portée de main.*

SERGE *(à Marc).* Tu en veux ?

*Marc acquiesce.*
*Yvan lui tend le bol.*
*Ils mangent des olives.*

YVAN. ... Tu n'as pas une assiette pour mettre les...

SERGE. Si.

*Il prend une soucoupe et la pose sur la table.*
*Un temps.*

YVAN *(tout en mangeant les olives)...* En arriver à de telles extrémités... Un cataclysme pour un panneau blanc...

SERGE. Il n'est pas blanc.

YVAN. Une merde blanche !... *(Il est pris d'un fou rire.)...* Car c'est une merde blanche !... Reconnais-le mon vieux !... C'est insensé ce que tu as acheté !...

*Marc rit, entraîné dans la démesure d'Yvan.*
*Serge sort de la pièce.*
*Et revient aussitôt avec l'Antrios qu'il replace au même endroit.*

SERGE *(à Yvan).* Tu as sur toi tes fameux feutres ?...

YVAN. Pour quoi faire ?... Tu ne vas pas dessiner sur le tableau ?...

SERGE. Tu as ou pas ?

YVAN. Attends... *(Il fouille dans les poches de sa veste.)* Oui... Un bleu...

SERGE. Donne.

*Yvan tend le feutre à Serge.*

*Serge prend le feutre, enlève le capuchon, observe un instant la pointe, replace le capuchon.*

*Il lève les yeux vers Marc et lui lance le feutre.*

*Marc l'attrape.*

*Léger temps.*

SERGE *(à Marc).* Vas-y. *(Silence.)* Vas-y !

*Marc s'approche du tableau...*
*Il regarde Serge...*
*Puis il enlève le capuchon du feutre.*

YVAN. Tu ne vas pas le faire !...

*Marc regarde Serge...*

SERGE. Allez.

YVAN. Vous êtes fous à lier tous les deux !

*Marc se baisse pour être à la hauteur du tableau.*

*Sous le regard horrifié d'Yvan, il suit avec le feutre un des liserés transversaux.*
*Serge est impassible.*
*Puis, avec application, Marc dessine sur cette pente un petit skieur avec un bonnet.*

*Lorsqu'il a fini, il se redresse et contemple son œuvre.*

*Serge reste de marbre.*

*Yvan est pétrifié.*

*Silence.*

SERGE. Bon. J'ai faim.
On va dîner ?

*Marc esquisse un sourire.*
*Il rebouche le capuchon et, dans un geste ludique, le jette à Yvan qui s'en saisit au vol.*

\*

*Chez Serge.*
*Au fond, accroché au mur, l'Antrios.*
*Debout devant la toile, Marc tient une bassine d'eau dans laquelle Serge trempe un petit morceau de tissu.*

*Marc a relevé les manches de sa chemise et Serge est*
*vêtu d'un petit tablier trop court de peintre en bâtiment.*
*Près d'eux, on aperçoit quelques produits, flacons ou*
*bouteilles de white-spirit, eau écarlate, chiffons et*
*éponges...*
*Avec un geste très délicat, Serge apporte une dernière*
*touche au nettoyage du tableau.*
*L'Antrios a retrouvé toute sa blancheur initiale.*
*Marc pose la bassine et regarde le tableau.*
*Serge se retourne vers Yvan, assis en retrait.*
*Yvan approuve.*
*Serge recule et contemple l'œuvre à son tour.*
*Silence.*

YVAN *(comme seul. Il nous parle à voix légèrement feu-*
*trée).* ... Le lendemain du mariage, Catherine a
déposé au cimetière Montparnasse, sur la tombe de
sa mère morte, son bouquet de mariée et un petit
sachet de dragées. Je me suis éclipsé pour pleurer
derrière une chapelle et le soir, repensant à cet acte
bouleversant, j'ai encore sangloté dans mon lit en
silence. Je dois absolument parler à Finkelzohn de
ma propension à pleurer, je pleure tout le temps, ce
qui n'est pas normal pour un garçon de mon âge.
Cela a commencé, ou du moins s'est manifesté clai-
rement le soir du tableau blanc chez Serge. Après
que Serge avait montré à Marc, par un acte de pure
démence, qu'il tenait davantage à lui qu'à son
tableau, nous sommes allés dîner chez Émile. Chez
Émile, Serge et Marc ont pris la décision d'essayer
de reconstruire une relation anéantie par les événe-
ments et les mots. À un moment donné, l'un de nous
a employé l'expression « période d'essai » et j'ai
fondu en larmes.
L'expression « période d'essai » appliquée à notre
amitié a provoqué en moi un séisme incontrôlé et
absurde.
En réalité, je ne supporte plus aucun discours rationnel, tout ce qui a fait le monde, tout ce qui a été beau
et grand dans ce monde n'est jamais né d'un discours
rationnel.

*Un temps.*
*Serge s'essuie les mains. Il va vider la bassine d'eau*
*puis se met à ranger tous les produits, de sorte qu'il*
*n'y ait plus aucune trace du nettoyage.*
*Il regarde encore une fois son tableau. Puis se retourne*
*et s'avance vers nous.*

SERGE. Lorsque nous sommes parvenus, Marc et
moi, à l'aide d'un savon suisse à base de fiel de bœuf,
prescrit par Paula, à effacer le skieur, j'ai contemplé
l'Antrios et je me suis tourné vers Marc :
— Savais-tu que les feutres étaient lavables ?
— Non, m'a répondu Marc... Non... Et toi ?
— Moi non plus, ai-je dit, très vite, en mentant. Sur
l'instant, j'ai failli répondre, moi je le savais. Mais
pouvais-je entamer notre période d'essai par un aveu
aussi décevant ?... D'un autre côté, débuter par une
tricherie ?... Tricherie ! N'exagérons rien. D'où me
vient cette vertu stupide ? Pourquoi faut-il que les
relations soient si compliquées avec Marc ?...

*La lumière isole peu à peu l'Antrios.*
*Marc s'approche du tableau.*

MARC. Sous les nuages blancs, la neige tombe. On ne
voit ni les nuages blancs, ni la neige. Ni la froideur
et l'éclat blanc du sol.
Un homme seul, à skis, glisse.
La neige tombe.
Tombe jusqu'à ce que l'homme disparaisse et
retrouve son opacité.
Mon ami Serge, qui est un ami depuis longtemps, a
acheté un tableau.
C'est une toile d'environ un mètre soixante sur un
mètre vingt.
Elle représente un homme qui traverse un espace et
qui disparaît.

# Table

Composition réalisée par JOUVE

*Imprimé en France sur Presse Offset par*

## BRODARD & TAUPIN

GROUPE CPI

La Flèche (Sarthe).
N° d'imprimeur : 25745 – Dépôt légal Éditeur : 51450-12/2004
Édition 09
Librairie Générale Française – 31, rue de Fleurus – 75278 Paris cedex 06.
ISBN : 2 - 253 - 14701 - X